U0946907

# 变老的哲学

## 反抗与放弃

Über das Altern

[奥地利]让·埃默里 — 著

杨小刚 — 译

2018年·厦门

# 目　录

代序

# 理解他人的可能与不可能

杨小刚

在介绍本书的作者和他的作品之前，我想先谈一些与主题没有直接关系，即便相关也仅仅因为在某些地方被作者反对过的东西。与作者写作的年代相比，我们生活在一个科技更加发达、科学获得更强解释力的时代，最近十多年，这种力量已经开始大规模地向曾被认为是人之为人的根基领域——精神领域——渗透。神经科学试图通过对大脑和神经系统的研究解开一切人类意识之谜。比如，关于人与人之间的理解，1992 年意大利科学家在猕猴大脑中发现的镜像神经元据猜测也在人类大脑中存在，科学家们宣称它是人类产生同情或说共情（empathy）的生物学基础，使得我们在观察到他者的情感反应时会产生相近的感受，从而能够理解他人。据说，许多残忍的罪犯正是因为镜像神经元系统发育不完善或受损才无法感受到被害者的痛苦。荷兰动物行为学家弗朗斯·德·瓦尔（Frans de Waal）在2009年出版了一本《共情时代：自然为一个更良善的社会提供的教导》（*The Age of Empathy : Nature's Lessons for a Kinder Society*），在指出共情是在漫长的进化过程中产生，普遍存在于包括人类在内的许多动物大脑中的神经机制后，他呼吁人类应该拥抱更多的共情，这将使整个社会更富温情、更具良序。然而他的呼吁与他的科学结论自相矛盾：如果共情是漫长的生物进化的产物，那么我们显然无法在他的呼吁下拥有更强的共情能力，更无法忽然间更真切地感受到他人的感受。他的科学解释有问题的地方还在于，他提到一个纳粹集中营里的卫兵不是因为无法产生共情，而是因为善于想象别人的感受才琢磨出各种折磨人的手段。

原名汉斯·迈耶（Hans Mayer）的让·埃默里（Jean Améry）在布伦东克（Breendonk）战俘营地牢中遭受的酷刑是因为名叫罗伊南特的党卫军军官缺乏共情，还是太富于共情，人们无从知晓，人们更无法"知道"的是，在遭受酷刑时他到底感受到多么残酷的痛苦。他在《酷刑》(见《罪与罚的彼岸：一个被施暴者的克难尝试》第53—86页)一文中描述自己遭受折磨的德语原文让我颇费思量，那些不常见的动词、形容词和副词在我的脑海中将一个人扭曲成难以想象的姿态，我最终也不知道自己的翻译是否准确还原了当时的场景，不知道那些中文词能否传达作者当时的痛苦。事实上，一个根本的问题是，即便作者精心选择的那些德文词也不能描摹酷刑带来的痛苦之万一。"'像一块烧红的烙铁烙在我肩上'吗？又或是'像一根钝木桩狠狠击在我的后脑勺上'？这种比较只是说给别人听的，最终我们就像在千篇一律的说辞的旋转木马上被人牵着鼻子走，没有任何指望让人理解它们。疼痛就是它所是的那样，此外没什么可说的。感觉的特性无法比较，无法描述。它们显示出语言表达能力的界限。谁想要表达他身体的疼痛，就会陷入这样的境地:将疼痛加于他人，这样自己也变成行刑手。"阿多诺在1965年7月15日做"奥斯维辛之后的形而上学与死亡"的演讲时引用了埃默里的这篇文章，他说道：

> 也许我可以提请各位注意一位名叫让·埃默里的作者关于酷刑的文章，除了这篇文章之

> 外，我对这位作者一无所知。他的文章刊登在上一期《墨丘利》上，这篇文章对哲学——准确地说，对存在主义——的业余爱好一点儿也不合我的胃口，但它以令人惊讶的方式表达了这些事物在经验的石层中引起的变化。我指的这些变化也许可以最简洁地径直表达：死亡，在它所赢获的形态中，都是一样的——而说死亡在所有时代都无变异，这是一个谎言；即便死亡自身——这是完全抽象的同一——也会在完全不同的时代是完全不同的东西，而且它就是这样。我想让诸位注意的这种经验的变化也许可以被赋予这样的形式：死亡不再和任何生命一致。[1]

阿多诺看重让·埃默里对死亡经验的描述，这成为他批评海德格尔《存在与时间》中关于死亡的观点的一个例证。死亡（Tod）经验或者准确地说死（Sterben）的经验在埃默里的写作中的确占据了相当大的比重：死

1 《形而上学：概念和问题（1965）》（*Metaphysik. Begriff und Probleme <1965>*），德国：苏尔坎普出版社，1998年，第166页。

是每个人最本己的事情，每个人仅仅在自己死去的过程中才能体验到死，它在不同人那里具有不同的形态。但这种本己、差异与独特是所有生存经验都具有的属性，只不过在流亡、折磨、囚禁、死去这些极端处境中得到最鲜明的体现。我们始终面对如何传达自己的生存经验的难题，表情、姿势是最自然的表达，语言几乎是人类独有的工具。而在用语言表达自己的体验时，我们始终处于两难之中：一方面，只有含义具备公共性的词语才能使我们的体验获得广泛的理解；另一方面，太具备公共性的词语却会使我们体验的本己性和独特性受到损失，写作者、艺术的创造者们因此追求用更丰富、更细腻、更复杂的符号来准确地传达经验。然而，符号始终处于外在的公共空间中，否则它就不能成为符号，它也就始终和它试图加以表达的人的主观经验处于两条平行线上。在阿多诺眼中只是一个业余哲学爱好者的让·埃默里触碰到的是一个最核心的哲学问题。维特根斯坦在《哲学研究》中将其表述为是否存在私人语言的问题，他说的是疼痛以及一切主观感受是否像黑箱子里的甲虫一样，只有当它们被用公共语言表达出来时才存在，还是说存在某种只有感受主体才理解的私人语言。

埃默里知道，他只能尽可能地用千篇一律，可能激发读者联想的公共语言去描述他遭受的酷刑，他也知道，无论使用什么词语都不可能让别人感受到双手铐在背后被吊起，用胳膊和肩膀的肌肉延缓即将到来的脱臼那片刻的绝望与无助，不可能让别人感受到人彻底的肉身化，即平时毫无知觉的身体部位在被折磨时每一寸皮肤、每一根肌肉纤维都在撕裂是什么情状。诚然，在他那个年代以及很早以前，人们就尝试用生物学、神经科学来解释疼痛之类的现象：我们会感受到什么样的疼痛，取决于我们的交感神经系统的个体性质，以及甲状旁腺的荷尔蒙水平和肾上腺外组织的血管收缩物质。所有的疼痛都会引起交感神经系统的反应和相同化学递质的分泌，所有的疼痛都会引起我们脸部表情的扭曲。镜像神经元系统让我们在观察到别人痛苦的表情时感同身受，心生同情。然而，所有被叫作疼痛的感觉都不一样。埃默里在集中营里观察到，斯拉夫人与意大利人、法国人、荷兰人和斯堪的纳维亚人相比，能够更容易、更能以斯多亚学派的方式忍受身体的痛苦。他提到，一个转向共产主义的比利时贵族在布伦东克受刑时把一切都供了出来，而一个保加利亚职业革命家和受人尊敬的法国抵抗运动国民议会第一主席让·穆林（Jean Moulin）在酷刑面前咬紧牙关、宁死不屈。因为他们感受到的疼痛不一样吗？还是因为后两位有更强的道德抵抗力？如果仅仅是因为比利时贵族的神经系统让他更易于感受到强烈的疼痛，我们是否应该原谅他的背叛与出卖，就像我们理解埃默里本人当时也招了供？埃默里由此又触碰到一个严肃的哲学问题：是否存在超越于我们的生理基础之上的道德意志？他无从回答，我也无解，只能暂且跳过。

所有被叫作疼痛的感觉都不一样，所有被叫作死的过程都不一样。我们尝试表达，但每一种表达都言不及义；我们试图理解，可每一次理解都撞上不可逾越的高墙。主观经验、第一人称经验的本己和独特在埃默里的《变老的哲学：反抗与放弃》一书中得到更集中的呈现。变老是纯粹内时间意识中的绵延，用物理、数学描述的客观时间与此毫无关系，它不是能用客观的时间单位度量的过程，甚至从外在角度描述的身体变化也只是对变老最浅层的揭示。按埃默里的说法，它是人彻底变成了一束时间，是在向内的凝缩中感受到世界对自我的压迫。熟悉 20 世纪现象学文献的人对内时间意识理论不会陌生，胡塞尔、海德格尔都对其有详尽论述。在 20 世纪璀璨的哲学家星辰中，埃默里最为尊敬的是让-保罗·萨特，明显他的很多哲学思辨都带有现象学的痕迹，毕竟萨特也出身于现象学传统。而埃默里一点点剥离出的身体在变老时的经验“石层”更是与在法国发展出的身体现象学若合符节，他可能受到某些法国学者的影响，也可能经由自己的独立思考延伸到相同问题，就如他从笛卡儿的思维与广延的二元论区分出发提出了至今仍在困扰心灵哲学的问题：“关于广延和思维的笛卡儿式研究是否符合在最深层次被经历的现实，或者毋宁说，二者是一个不可分割的整体，正是在主观的承受中成功地抵制着每一种分离它们的尝试。”用心灵哲学的语言来说便是，物理层面的第三人称客观经验和意识层面的第一人称主观经验在更深的层次上是否是同一种具有本体论地位的属性的不同表现。不管怎样，我并不想过多追究他的思想形成轨迹。人们会说，他的想法并不独特，也无系统的论述，许多哲学家都有更深刻的分析。没错，但他的著作的一个重要意义是为各种现象学的理论、为各种哲学问题从意识的深层次挖掘了诸多活生生的例证，这些例证让那些哲学观点不仅仅在概念层面、在思辨层面被理解，也在生活层面被发觉、被体认。

这些例证对哲学研究者而言还有另一重含义，那就是为常常被分析哲学研究者中那些怀有浅薄偏见的人士指责为不清晰、不合逻辑的欧陆哲学式论述做出辩护。埃默里提到鲁道夫·卡尔纳普（Rudolf Carnap）对海德格尔的一个批评：虚无无法用逻辑语言加以表达。诚然，如“我死了”这句话在根本上不合逻辑。如埃默里所说，我在，死亡就不在，死亡在，我就不在，“我”不可能做“死亡”的主语，关于死亡，只能用隐喻的语言重复各种废话。对不能用逻辑语言表达的东西就要放弃关于它的思考吗？对于死亡这个极端例子，人们也许还可以抱着“未知生，焉知死”的态度加以拒绝，但是，在人们的生存经验中还存在许许多多含混、矛盾、有着双重含义的处境。在《变成自己的陌生人》（见本书第 47—80 页）——这个标题就是明显的自相矛盾——中，埃默里直接讨论了“歧义”这一生存现象。他刻画了这样一位正在变老的女性：她每天早晨在镜前梳妆时都会因为面部皮肤上生出的黄斑瘤而对自己心生厌恶，镜子中逐日老去的自己不再是自己认识的自己，却又实实在在的就是现实的自己，那个憎恶镜像的自己反而是非我。歧义还不止于此，随着她日复一日的镜前仪式，这个自我厌恶的自己又因为不断忍受着衰老的身躯，开始像一个伤痕累累的战士一般对自己心生热爱，甚至她对厌恶过程本身产生了热爱。厌恶与爱形成一个矛盾的复合体，而“我”不断在厌恶与爱的主语和宾语之间变换位置。“我”与非“我”的矛盾是人生的常态，衰老用残酷的形式使其凸显。处于每一个变老的痕迹中的，处于每一次深夜的病痛中的，都是被逃避、被否定、被拒绝的离散的自我，作为否定者的则是凝聚着、具有统一性、被认同（被谁认同？被“我”吗？）的自我。然而最终，在一次生不如死的疼痛中，这个自认为自己是自我的自我彻底崩塌了，身体，或者说显现出来的身体感觉，攫取了塑造自我的最高权能。对这样的生存经验，要么放弃表达，要么就必须否决数理逻辑语言掌控一切存在领域的要求。使用自然语言对生存经验的描述因为体验根本上的独特、差异与不可传达必然不能成为自然科学那样的知识，或者说，它们完全不需要被赋予知识的地位。但它们并非没有意义，其意义需要阅读者的理解，对他人体验的理解就是这些描述的唯一意义，尽管，公共语言从根本上不可能等价于主观体验，理解总是会遭遇界限。

我们理解各种感官经验是基于共同生理基础对共同

对象的感知。什么是蓝色？非色盲的人指着蓝色的文件夹就可以回答。然而什么是时间？什么是变老？时间不是任何个别物体的运动，变老不仅仅是容颜的改变。埃默里举了这个常见的例子。与那些至少有着共同外在指涉对象的体验相比，许多对我们更重要的生存经验并非是对某个具体的物的反映，它们可能与一个情景相关，可能与一种关系相关，或者与本身亦即主观体验的联想、想象相关。对于变老而言，这样的经验是你在他人目光中的社会年龄，是你理解这个世界的符号系统的过时、落伍、被淘汰。对于这些经验的描述很难找到明确对应的对象，或者说它们的对象是什么本身也只能借助于这些描述才能澄清。于是我们不得不在语言的迷宫中打转，有人因此会说这些描述含混不清、废话连篇、毫无意义，就像埃默里在《与死共生》（见本书第 151—186 页）中说的，关于死亡，人们除了重复千篇一律的连祷之外，并未逼近死亡一步。不过，这种困境也许表明了更深层次的真实。20 世纪的语言学家们早就达成共识，不是人的思维用语言去描述世界，而是对世界进行描述的语言塑造着人的思维。并不存在思维与世界之间以语言为中介的完全的一一对应关系，在很大程度上，思维、语言、世界处于同一个层面——世界不是由所有外在客观对象构成的集合，世界就是我们感受到的、被我们用语言描述的那样，而这些感受只能通过语言的描述才能被理解。这并不是一个唯我论的观点，因为语言不是私人的产物。至于它如何产生、演化、发展，这是个太过复杂的问题。

《不再理解世界》（见本书第 115—150 页）中所说的用于理解世界的符号系统的更替涉及这一问题，埃默里在这里再次显示出他敏锐的哲学悟性。每个人都用他在成长和教育过程中接受的一套知识体系、文化背景来理解世界，这些局部性、时代性的知识和文化使用各自不同的符号系统。每个人都在年轻时接受了这样一套符号系统，用其描述和理解世界，青年时期的流行时尚、社会思潮、艺术潮流以及意识形态、习俗规范均属于此。这些系统一旦被接受，就内化为人格的一部分，根深蒂固，难以废弃，即便个人试图接受新的符号系统，也没法完全抹去旧系统的影响。变老的人必须面对的现实便是随着社会变迁，旧的系统被新的系统替代，用新符号描述的世界让老人感到陌生、不再理解，他想要学习新的符号以便再次融入世界，却处处碰壁，被拒之门外，而重新学习就意味着否定自己的过去。语言或者说符号的演变也通过变老被生动地凸显出来。埃默里的敏锐在于，他指出这些符号系统都是一个个相互分疏的亚系统，它们共同隶属于一个超系统，亚系统之间的重叠、排斥、远近亲疏和相互更替都是超系统的自我运动，这个超系统曾经被黑格尔用“时代精神”来指称。这个看法与德国社会学家尼克拉斯·卢曼（Niklas Luhmann）在其系统理论中表达的基本观点非常相似。埃默里没有表现出受到 20 世纪 60 年代末开始成名的卢曼的影响，不过既然卢曼也深受前人的影响，尤其因为其系统理论而被德国人称为“当代黑格尔”——一个哈贝马斯也获得过的称呼，埃默里自己能够发展出一些相似的思想也无足惊讶。

埃默里不是哲学家，我对他的介绍太过于关注哲学层面的意义了。但我想说的是，想要理解他所记叙、呈现的那些生存经验，靠人类共同的生理基础、基本的共情能力是不够的，看到人痛苦、衰弱，感到难受是最浅显自然的反应，但痛苦绝不仅仅如此——“凡受过酷刑的，对这个世界都不再会有故乡的感觉”。要理解在痛苦、衰弱背后更深厚宽广的生命和历史背景以及与之夹缠在一起的种种生命体验，还需要知道更多，需要了解用来描述这些体验的符号系统——在埃默里这儿便是萨特的存在主义，需要明白理解本身如何进行。比如，如何理解埃默里——一个奥地利裔犹太人、一个人文知识分子和文化上的国际主义者在《人需要多少故乡？》(见《罪与罚的彼岸：一个被施暴者的克难尝试》第 87—123 页）中自述的流亡经验？流亡不仅仅是远离故土，不仅仅是穷困窘迫、毫无依靠、危险重重。当埃默里偶遇一个来自奥地利、操着他家乡口音的党卫军军官时，那种惊恐没有任何人能想象，更难以想象的是他同时有种忍不住要用乡音与对方交谈的冲动——家乡所蕴含的温暖、安全、信任与突然颠覆后的孤立、驱逐、恐怖就这样混合在一起。埃默里是已经服膺于德意志文化的犹太人，与不得不四处迁徙、除了犹太教没有别的文化认同的东欧犹太人不同，也与流亡美国的德国人不同，他没法像托马斯·曼那样说出“我在哪里，德意志就在哪里”的豪言壮语，在被剥夺了家乡之后，已经融入他生命的那些德国精神财富，从歌德、荷尔德林到克莱斯特都被宣布属于他的敌人，属于真正的德国人。但他没有像很多犹太人那样融入盎格鲁一撒克逊文化，他甚至说出了这样一个耐人寻味的事实：在流亡途中母语也丧失了，不是不再说，而是逐渐萎缩，自己所说的母语已经不再与周遭的生活发生关系，词汇不再更新，而在已是敌国的地方，德语仍然在生成与演变，尽管在无数德意志文化捍卫者眼中，那是被玷污的语言，但它毕竟是活的语言——在经典文化中保留纯粹性的语言无法延续其生命。

也许，埃默里的生命体验对人文知识分子才有特别的亲近感。《罪与罚的彼岸：一个被施暴者的克难尝试》开篇一文《精神的界限》就明确了他的定位："一个知识分子，如我理解的，是一个在广义上的精神脉络里生活的人。与其相联系的是一个本质上人本的或者说人文学科的世界。他有良好的审美意识。秉性和能力驱使他进行抽象思考。思想史上的一系列景象在每一个合适的时机都会在他脑海中浮现。"如果使用知识分子在中文里的广义含义，可以说埃默里和他的许多读者都属于人文知识分子。就在这篇文章里，他讨论了人文知识分子们遭遇的无情的现实界限："一个这样的知识分子，一个这样的人，伟大诗篇的诗行烂熟于心，对文艺复兴和超现实主义的名作了如指掌，对哲学史和音乐史如数家珍——我们把一个这样的知识分子置于如此境地，在那里他所面对的，要么是证明自己精神的现实性与效力，要么将其看得一无是处，那是一个极限处境——那是在奥斯维辛。”在奥斯维辛，人文知识分子成了最无用的人，他曾经认为具有崇高价值、最高现实性的一切，不但不可能成为他延续生命的工具，甚至也不能让他获得丝毫慰藉，奥斯维辛的反人性将人文价值彻底践踏在脚底。那不是特例，人文价值总是面对不同程度的否定。包括人文学者、作家、画家、音乐家等在内的人文知识分子所做工作的共同之处在于使用各种符号系统来描述、催化、塑造、生成人类丰富广阔的主观体验世界，传达以求理解。但这样的努力总是会遭遇用普遍的数理计量衡量一切——高尚者冠以科学的名义，低贱者只认识最粗俗的经济理性——的粗暴做法的否决。今天，人文知识分子面对的精神的界限并没有丝毫减弱，反而更加无所不在。如果说奥斯维辛只是极端处境，整个纳粹德国事实上在以某种精神价值的名义犯下暴行，其本身并未否定精神价值，众多人文知识分子成为纳粹拥趸即可为证（这自然不是在称许纳粹，维护精神价值的意义并不代表维护任何一种个别的精神价值，更不代表将某种精神价值凌驾于其他价值之上），那么，随着自然科学和经济理性（经济理性本身就在追求成为自然科学一样的严格科学）试图获得解释一切的普遍效用，精神界限之内的领域才开始萎缩，其结局将是人类生活普遍的空洞与贫乏。分析哲学中的取消主义者们已经设想了这样一种未来情境：在日常语言实践中取消所有从第一人称角度用自然语言对主观体验进行的含混表述，逐步改用神经科学术语来加以描述，未来我们将不再述说疼痛，而是述说大脑某个神经区域的反应。这些分析哲学家自认为获得了对意识现象进行描述的严格性，却是以人类意识的丰富性为巨大代价的，他们完全忽略了正是因为符号系统的复杂多样，人的意识活动才存在无限可能。

理解是为了尊重，即便总是存在理解的不可能，做出理解的尝试也已是尊重。在埃默里的著作中，最难获得理解的是他生前最后一本著作《独自迈向生命的尽头》。死和死亡的主题在《变老的哲学：反抗与放弃》一书中就已密集出现。变老是残酷，死是折磨，而埃默里没有表现出需要任何温情脉脉的安慰，在他眼里，年青一代对曾经的青年导师，如今已步履蹒跚的萨特的敬重也是一种贬低，是对其年老的宣判。既不假装年轻也不需要黄昏伊甸园的幻象，“老年应当在日暮时燃烧咆哮”是其态度的最佳注脚，等待最终对存在的彻底否定的到来。1978年10月17日,《独自迈向生命的尽头》出版两年后，埃默里在萨尔斯堡一家宾馆中服用安眠药自杀。1974年2月20日，他已经在布鲁塞尔尝试过一次自杀，但及时被送往医院救治。1976年7月《独自迈向生命的尽头》出版后，埃默里在《时代周报》记者就这本书对他进行的一次访谈中谈到自己14岁时就有过自杀的冲动，那是一种想逃离一切的愿望，在布伦东克遭受酷刑时他也尝试过自杀，因为担心自己会供出随便什么人的名字。在这本书中，埃默里并不愿意使用自杀（Suizid）一词,而是使用了自由死亡（Freitod）一词。他屡次强调，自愿死去是人依照自身不可被外界剥夺的标准行事的权利，是人最大的自由（Freiheit）。“自由死亡（自死）的倾向并非疾病，如同麻疹般一定要去治疗……自由死亡是人类的特权。”自愿死去的人既不疯狂也不愚蠢。无论埃默里的自杀是如他友人说的出于对自己持久的自我憎恨，还是因为纳粹的迫害彻底剥夺了他对这个世界的信任，他的死亡都是他最本己的事情，旁人无权评判，在所有自愿死亡者那里都是如此。“我们应该尊重他们的所作所为，不应当否定他们对于生命的参与，特别是不要在他们面前为我们自己描绘一个光辉的形象。让自己彻头彻尾地暴露在别人面前，是件很可悲的事情。所以，我们就应放轻姿态，以自由无拘、平静、平常的方式谈论他们。”这是埃默里最后的要求。

埃默里 1912 年 10 月 31 日出生于维也纳一个犹太家庭,其父在“一战”中阵亡。20 世纪 20 年代中学毕业后，他在维也纳做书店助理，阅读了大量文学书籍，当时正值盛期的维也纳逻辑实证主义学派也给他留下深刻印象。这个时期他已经开始文学创作，出版了小说《海难幸存者》(*Die Schiffbrüchigen*)的一部分。纳粹上台后，他的德文名字无法保护他免受迫害，1938 年开始流亡，逃往比利时，并参加了那里的抵抗组织，1943 年被捕，关押于比利时布伦东克战俘营，受到各种酷刑，一年后被送往奥斯维辛。1945 年苏联红军逼近，奥斯维辛中的囚犯被转移，他最终被运到伯根 – 贝尔森（Bergen-Belsen）集中营，直到被英国军队解救，送往布鲁塞尔，住在了那里。1955 年他将本名字母排序改变后取了笔名“Jean Améry”,并以此闻名于世。埃默里的著作多为随笔、散文，成名作即 1966 年出版的《罪与罚的彼岸：一个被施暴者的克难尝试》，记录了自己流亡、被折磨、被囚禁以及战后重新置身德国的经历。因为奥斯维辛的独特而将埃默里视为时代的证人甚或德意志的良心都低估了其作品的价值，是对他的局限。他描述的是一些极端环境下的生存体验，但这些体验并不因此只是特例，也不只和某些民族、某些群体有关，它们是人类复杂生存处境的典型象征，是伤口、脓疮、无法根治的癌变，它们一旦发生了就在那里，不容遗忘和逃避，说不准哪一天还会复发。就像埃默里描写的变老和死去，自然不是与身体健康的青年无关。这不仅仅是说这些总会降临到不再年轻的人身上，而且，看着周围的亲人老去，我们已经在时时刻刻感受时间的残酷。然而，单纯的感受是不够的，变老的感觉对于尚对此一无所知的人只能是“夏虫不可语冰”，但我们毕竟可以尝试着去理解，尝试通过别人的描述去尽量揣摩那些体验，这样会让变老显得没有那么难以忍受。这些体验的混杂、矛盾、歧义要求有着精准穿透力的语言，埃默里正是在此表现出他卓越的技艺。面对他带着刺痛的写作，唯有怀着诚意的阅读可与之相称。

我以前的日子过得像一名画师，他顺着一条突出在湖面上的道路往上行走，陡壁悬崖和树木组成屏障遮住了他的视线。他先从一道缺口瞥见了湖水，接着湖泊整个儿地呈现在他眼前，他举起画笔。可此时夜色已经降落，他再也画不成了，而且白天也不会回来。[1]

—— 普鲁斯特，《追忆似水年华》

1 此句译文引用周国强译本。——译者注

# 前言

不是靠别的，而是靠对思考的偏好以及大概是通过一种思考练习得到确证后，我呈上这份关于人的衰老的探究。探究（Versuch）——在这里的意思与其说是试验，毋宁说是对某种东西的**寻找**，这种东西的不可捉摸对于分析理性而言从一开始就显而易见。我关于这本书的主题的思考和老年疾病学没有任何关系。我将要讨论的是**变老的人**与时间、与自己的身体、与社会、与文明，以及与死亡的关系。谁若期待实证科学意义上实事求是的陈述和能够帮助他在某个状态——也就是在变老的状态下——建立生活的知识，谁就必定会对本书失望：我未曾致力于这类事情中的任何一件。

在这样一个时代，智力不仅仅离弃了意识中被直接给予的东西，而且也离弃了一般的人，取而代之的是成为研究对象的系统和编码，而我所坚持的是鲜活的东西——经验（le vécu）。对于变老的人所卷入的进程做逐渐逼近的忠实描述，这样一种努力，本质上要借助内省的方法去完成。随之而来的还有对观察和移情的追求。而所有对于科学性，甚至对于逻辑严格性的期待都必须放弃。

一方面这样的笔记的主观特征对我而言从一开始就清晰可辨，另一方面我已致力于对已把握的想法从各种角度加以持续的反映，进行不断抵制自身和更正自身、绝不惧怕矛盾的反思，由此给予这个事业一个转折，使其具有比主观更多的东西——不过，这是在对客观性和主体间性的各种目标有意识偏离的情况下进行的。我仅仅抱持着这种不确切的希望，希望我可以成功地揭示一些对于我们这种文明人有效的基本事实。我这么做是在打一个赌：既然无法向那个可以做出真相判决的终审机构起诉，这份工作是有意义还是无意义，有价值还是无价值，就完全交由读者裁决。

对读者的致辞包含如下要求：读者要在那些在我写

作时才逐渐被揭示的东西中与我结伴而行。就像我向前摸索时那样，我一步步地被迫放弃那被变老的人随时唤起的各种希望，被迫让安慰失去效果。无论向变老的人提出什么能使他们满足于生命的衰退，甚至可能从中获益的建议，无论是弃绝的高贵、晚年的睿智，还是以后的平静，我面对的这些建议仿佛都是低劣的欺诈，而我必须在每一行文字中都履行反抗这种欺诈的职责。这样，这一具有寻找性质的探究，在我之前并未如此计划甚至毫无预见的情况下，从一种分析变成一个反抗行动，而矛盾的是，这种反抗的前提是对不可祛除和令人愤懑之事的完全接受。我只能期待，看看我所致辞的读者是否会答复我，是否会在穿越种种冲突的道路上陪伴我。

当我放弃了每一种先行给定的科学手段，完全依靠我自己和我提问的不确定根基时，不言自明的是，我受到了各种影响。人们将轻而易举地辨识出它们，就像辨识出那些被偶尔添加进去的、没有明确标明的引文一般。

只有三位让我受益良多的作者必须明确提及，因为他们很可能不太为人所知，他们是：索邦大学的教授弗拉迪米尔·严克勒维奇、德国医生和现象学家赫尔伯特·普吕格以及法国出版家安德烈·郭尔茨。[1]

没有哪个作者曾毫无忧虑地挑战那些他在不安的时刻得出的结论。在关乎最私人之事时，即便作者做了种种自我限制，这些事情却时不时上升为这样的希望：它们能够转变成具有普遍约束力的东西，在这样的地方尤其让人担心。书籍不仅有自己的命运——它们也能够是命运。

让·埃默里

布鲁塞尔，1968年夏

---

1 弗拉迪米尔·严克勒维奇（Vladimir Jankélévitch），《论死亡》（*La mort*），巴黎 1967。赫尔伯特·普吕格（Herbert Plugge），《健康与苦痛》（*Wohlbefinden und Mißbefinden*），图宾根（Tübingen）1962；《人和他的身体》（*Der Mensch und sein Leib*），图宾根 1967。安德烈·郭尔茨（André Gorz），《论衰老》（*Le vieillissement*），《摩登时代》（*Les Temps Modernes*）187号和188号。——原注（《摩登时代》是由萨特和波伏娃创办于1945年的文学和政治杂志，杂志名借自卓别林的同名电影。——译者注）

# 第四版前言

在我写下这一探究之后的十年中，我学到了一些关于变老的新东西。我不无愉快地回想起在本书初版时一位已届高龄的先生的严厉批评，这位先生大概向我说了这些话：“这位五十五岁的‘年轻人’，让·埃默里，关于变老、关于老年究竟懂些什么？他胆敢说些什么？”

在重读这些文字时我深表遗憾，必须反驳这位自信的老者，坚持我的观点。可惜！我弄懂了我自己的事情。在过去十年经历了某些事情后，我更倾向于将曾经说过的再加以强调，而非加以限定。所有一切都沿着一条比我曾经预见的更糟糕的轨迹前进：生理的变老，文化的变老，那黑暗的同伴让我日复一日倍感沉重的逼近，他向我跑来，急迫地呼唤我，就像雷蒙德笔下的瓦伦丁[1]用摄人的亲切话语唱着："朋友，来吧……"

今天我一如既往地相信，为了减轻变老的人的负担，改善老人们那糟糕的处境，必须采取各种社会手段。同时我也一直坚持，所有在这个方向做出的慷慨而又可敬的努力虽然可能缓解一些东西——好比是无害的止痛药——但是对于变老带来的悲惨痛苦，它们没有能力改变和改善**任何根本的东西**。

只在唯一一处地方我不得不做了修正，就是在我写下"自愿死亡的愚人史"这个糟糕短语的地方。**在这点上**的新看法和经验促使我走向了另一个方向，赋予了我的反思以延展的空间，这种延展我曾经一无所知。为此

---

1　瓦伦丁（Valentin）是出生于维也纳的戏剧家费迪南特·雷蒙德（Ferdinand Raimund，1790—1836）的三幕民间戏剧《挥霍的人》（*Der Verschwender*）中的角色。在这部剧中瓦伦丁有一首《刨工歌》（*Hobellied*）非常著名。这首歌以维也纳联唱曲（Wiener Couplet）的形式写就，在演出时由演员直接以观众为对象演唱。饰演刨工的歌者自比为刨平一切的命运，表达出一切尘世之物的易朽和众生在无生命之物之前的平等。"朋友，来吧"（Freunderl，komm）一句即出自这首歌，不过原文是"兄弟，来吧"（Brüderl，kumm）。这一句完整的歌词是："倘若死神得以现出身来，拽着我说：'兄弟，来吧'，我就会装聋作哑，闭目不看。"——译者注（本书后续注释，如无另加说明，则均为译者注。）

我也觉得有义务写下《独自迈向生命的尽头》（*Hand an sich legen – Diskurs über den Freitod*）一书，这本书某种意义上可以视为眼前这份工作的延续。

让·埃默里

布鲁塞尔，1977 年年初

# 此在与时间的消逝

在这里我们将频繁地遇到各种老去的人——老去的女性、老去的男性，他们会以不同的变体，以各种各样的装扮出现在我们面前。有时候我们将不得不在一个我们熟悉的文学形象中来认识变老的人，有时候他们又会成为从想象中抽取出来的纯粹抽象的形象。在其他一些地方，本文作者最终又会逐渐显露出他自己的轮廓。变老之人的年龄和他们的身份一样，也将是不确定的，语言的运用和现实都要求这种不确定。我们将看到，变老的人刚好四十岁时是什么样子，因为我们在此试着要描述的过程可能早早就显露出来。在其他事例里，他将作为一个已到古稀之年的人出现，并因此按照一种统计上模糊的客观性算作一个老人。在探讨此在与时间的消逝的这篇文章里，他将以一个刚满五十岁之人的形象出现，他通过他的早逝自然而然地证明，在这些年里他已然察觉到自己在变老，也正因此我们必须让他作为这样一个人出现——我们在一个社交晨会上碰到了他，刚好是他许多年后第一次在这样的场合露面，他已经很久没有出现在奢华的年会上，以前他指导过年会上的戏剧演员。他穿着男士小礼服，非常端庄，举止仍旧优雅，尽管胸和腹部以一种不太自然却也算不上怪异的方式挺着。浓密的黑发一直垂到脖子，小胡子尚未变白，但是高高的衣领里苍白的面孔像蜡制面具一样僵硬，带着东方式忧郁的眼睛黯淡无光，掩在深深的、淡蓝色瞳眸的影子里。

我们用 A 来称呼这位正在老去的人，之后也会用同样方式称呼他所有的命运同伴，那些我们时不时要考虑的人。A，这是一个可以想到的最数学化、最抽象的称呼，同时也是让读者的想象和具象化能力拥有最宽广的自由空间的称呼。这位 A，我们的第一位 A，只有这一次我们会用世界给予的名字来称呼他：小说家，或者在例外情况下会更准确地用真实姓名来称呼他，在他的家乡卢瓦尔－谢尔省[1]，人们偶尔会把他的名字读作“普鲁”（Pruh），我们所认识的则是普鲁斯特——马塞尔·普鲁斯特。

A——马塞尔·普鲁斯特——手里拿着帽子，走进他的主人家中。他知道屋子里的人认出他来了，尽管他已多年不曾露面。普鲁斯特师父（Vater）[2]来了，人们说着——既然他没有儿子，他知道，称呼他“Vater”只是因为他的年纪。如果侍者们知道得更多，就能够表达得更清楚，他们会说，这位刚满五十岁的人尽管站得笔直，头发未白，但看起来以难以名状的方式显得比他的年龄更老，因为在他蜡黄色的脸上已经能感受到死一般的僵硬。小说家又见到了人们，如果匆匆扫过的一眼没有骗人的话，这些人的境况显得比他还糟糕。这位童话里的王子是谁？留着棉花胡子，步履沉重，鞋子里仿佛灌了铅。盖尔芒特亲王[3]。它伤害了他——一个“它”，一言难

---

1　卢瓦尔－谢尔省，Département Loir-et-Cher，法国北部省份。

2　“Vater”本意是父亲，但也被用来称呼教父、长者。

3　盖尔芒特（Guermantes）是《追忆似水年华》中的地名，盖尔芒特一家是当地贵族。小说中的“我”普鲁斯特幼年时对他们家的生活非常向往，后来进入他们的交际圈，才逐一认清个中人物的真相。此处所说盖尔芒特亲王按照小说中的叙述是年轻时的洛姆亲王巴赞（Basin），其父去世后继任盖尔芒特公爵爵位。

尽，说来话长。这位老者又是谁？他的白胡子看起来一点儿也不像业余舞台上的演员道具，而像是乞丐的胡子。阿让古尔先生[1]，无疑，他曾经是小说家内心最深处的敌人！夏吕斯男爵[2]，那个时候傲慢且迷人，如今变成一个悲惨的沙龙主人，在那些他风光时片刻都未曾赏识过的人面前获得允许后摘下帽子。早年的同学布洛克现在叫雅克·德·罗齐尔[3]，戴着令人害怕的单片眼镜，让他已经苍老的脸部从显示表情的任务中摆脱出来。来访者撞到那些眼睑呆滞得仿佛被封印的人身上，他们过会儿就要离开，似乎和那些已将自己交托给死神的人一样，一直喃喃自语，祷告着。硬化症让其他人浑身固化，把他们变成埃及神祇的石雕。小说家也发现了这些，而他本人几乎没有改变——如果人们只从远处观察的话。如果人们靠近他跟他交谈，就会发现看起来尚且平滑的皮肤下的肿胀，微小的突起，青红色的毛细血管，以至于被

---

1 阿让古尔先生（Monsieur d' Argencourt），书中的一位比利时富商。

2 夏吕斯男爵（Baron de Charlus），盖尔芒特公爵的弟弟，在书中与“我”关系亲近。

3 阿尔伯特·布洛克（Albert Bloch）是普鲁斯特的同学，后改名为雅克·德·罗齐尔（Jacques de Rozier），以掩盖他的犹太人身份。

激起一种反感，这种反感比由那些苍白的头发、伛偻的脊背和沉滞的双腿毫不掩饰地显示出年纪的人激起的反感更强烈。客人又认出了大多数人，他见过他们，许多年前在城里的某个宴会上与他们交谈过。透过硬化症和干瘪的皮肤他辨认出他们往昔的特征。不过也有这样的事情发生：某人与他攀谈，而他对此人的样貌、声音和体形毫无印象。一位胖女士跟他问好。A 打量了下她，问她是谁，并为自己的问题请求原谅：这是吉尔伯特[1]，贡布雷[2]和香榭丽舍的男孩都爱过她。——但普鲁斯特的小说家在盖尔芒特亲王的欢迎会上再次见到的这些人究竟经历了什么？没什么。全部。**时间过去了**。

时间过去，消失，褪色，飘散，我们与它一同逝去——我在说什么？——就如大风前的烟雾。人们问道："一切都随时间一起溜走了，跑掉了，这说的时间到底是什么？"一直问啊问，直到变成完全可笑的、顽固的幼稚，精通逻辑游戏的人就会教导他们说，以这样平庸

---

1　应该是指吉尔伯特·斯万（Gilberte Swann），斯万一家是小说中的另一群主要人物，构成了与盖尔芒特一家相对照的另一个世界。

2　贡布雷（Combray）是普鲁斯特在《追忆似水年华》中想象的一个城市，小说中的叙事基本在此地发生。

的方式提出来的问题只是个伪问题。对时间稍加探索就足以让我们陷入彻底的迷惑之中：那位非常睿智、已离我们有些久远、长着鸟样头颅的英国人就说过这些，他追随芝诺[1]抛给我们一个让人发笑的悖论。过去存在吗？不，因为它已经过去。未来存在吗？不，因为它还不在那儿。那么有当下吗？肯定有。但难道不是这样吗：当下不包含任何时间间隔？就是这样。所以，时间完全不存在。对的，没有时间。罗素的悖论可以解决掉。一些关于时间的问题可以解答，那些足够敏锐和受过完整训练的脑袋都曾尝试过。但是他们得到了什么结论，与我们关系不大。

如果我们思索的不是物理学家的时间（这种时间是另一种情况），而是**我们的**时间，从始至终**仅仅**属于我们的时间，被体验的时间，temps vécu[2]——在这样的思索中我们会从两种同样致命的经验领域之间迈出去。一

---

1　芝诺（Zeno），古希腊前苏格拉底时期的哲学家，以提出各种悖论闻名，最著名的三个悖论是阿喀琉斯与龟、线段无穷可分以及飞矢不动。此处说的长着鸟样头颅的英国人应该就是后文提到的英国哲学家罗素，他也以提出悖论闻名，并且从数学角度对芝诺悖论给出了解答。

2　“temps vécu”，法语，意为“主观的、个人的、真实的时间”。

方面我们受迟钝的沉思和半吊子的冥想威胁；另一方面我们拥有那些听起来渊博，实则却无法靠一丁点儿的认识价值证明自己的专业哲学术语。但我们必须尝试闯入这未解的领域，因为这是时间，是被体验的，或者人们愿意的话，也可以说是主观的时间，是我们最紧迫的问题。问题？又是一个报纸上的词，油印的味道一点儿也不好闻！时间是我们最顽固的敌人，也是我们最亲密的朋友，我们唯一完全独自占有却从未把握的东西，我们的痛楚与希望。很难去言说时间。从魔山[1]上我们听到：人们能讲述时间吗？时间自身，自在自为的时间？确实不能，那会是愚蠢的企图。一个这样的故事，这样讲述：时间消失了，它跑掉了，逝者如斯，永远如此，没有哪个拥有健全理智的人会把它当成故事。它不仅不是故事，就像魔法师所认为的，而且除了说时间过去了之外（即便是短暂的时间），它其实和时间没有任何关系。消失、奔走、流逝，时间不做这样的事情，这样的事情发生在空间里，发生在可见的或者通过推论可以经历的事情上。我们谈论时间时，使用了来自空间的比喻，如果要显得

1　魔山，指托马斯·曼小说《魔山》中的地点。

有学问一点儿，可以说这是“拟空的隐喻”（spatiomorphe Metaphern）。时间几乎无法讲述。我们说的是“几乎不能”：难以讲述，否则我们就必须保持沉默，而非在两种经验领域之间的空间里说些什么，这却是我们努力要做的。如果我们在谈论时始终意识到自己在进行比喻的话，比喻的说法就会很实用。倘若我们可能达成一种描述，在这种描述里又发现了另一种描述，那么即便没有认识的价值，也值得思虑。

A，长期以来都被折磨他的关于变老、此在（Dasein）[1] 和时间消逝的问题所困扰。他去拜访朋友，一位著名的物理学家，希望这位朋友能给自己一些指点，好解开那对他封闭的东西。这位物理学家掌控着谈话，谈话气氛热烈，渐入佳境。时间？一个物理学的问题。在牛顿的经典物理学里，时间本身还不是时间，意思是，在牛顿

---

1 “Dasein”是20世纪德国现象学最重要的概念之一，尤其在海德格尔思想中占有重要地位，指人的存在、生存总是处于一个情境关系之中，很难翻译。不能确定作者使用这个概念完全受海德格尔影响，但从上下文来看他的思考有明显的现象学背景，因此按照汉语学界的通行译法将此词译作“此在”。

的经典物理学里，时间处理的是空间中形体的运动，所以是可以倒转的。比如根据给定的数据可以向前计算出2500年月亮的位置，也可以向后计算出1600年月亮的位置。然后随着现代物理学而来的是热力学中的时间，不可逆转的时间，这与熵的概念相连，熵是对分子偶然产生的秩序的不可实现性的度量。普遍增长的无秩序趋势，其极端情况是所谓的“热寂”。通俗简短地说：热力学的时间是不可逆转的，因为它朝向所有存在的毁灭。但必须承认，我们也可以谈论一种“生物学”时间，与热力学时间相反，它产生结构而非消解结构。但只要关于它的陈述不能完全翻译为数学—物理学的语言，生物学时间就与物理学家无关。

这一切对于疲劳的A来说虽然完全称不上“一目了然”，但毕竟以某种方式让他能够进行让人理解的复述，虽然这种方式并非完全无可指摘，所以他在一定程度上明白了他的朋友在说什么。但与这位教授不同，对他而言，事情完全与空间中的形体运动无关，与热寂无关——在热寂之后以上帝的名义只怕还有很长的间歇，也与可以从进化的事实中推导出来的时间无关。他说的是消逝的年月，说的是突如其来、令人迷惑的仿佛保存了时间的记忆，是在时间纯粹的时间化中可以感知到的死亡的重量。这位实证知识的捍卫者以可以理解的不耐烦表示了拒绝，但既然他不是思维僵化的专业头脑，而是对文化有所了解、具有一般精神力的人，对我们在盖尔芒特遇到的那位先生非常熟悉，在哲学上颇有学识，所以他说："我知道，durée vécue[1]，柏格森，闵可夫斯基，非理性主义，现象学的思想游戏。这些我都知道。但我问您，这一切对我，对于只要可以定义，能够用公式表达，就将空间和时间等同起来的我而言，这一切应该是什么？"这些对于他究竟是什么？A思索着，谦虚地悄悄走开了，他是一个头脑不敏锐、就爱瞎琢磨的人，他胆敢用自己不成熟的半吊子想法去打扰一位严肃的研究者，不可原谅。

许久之后，他又命定一般地再次碰到了这位朋友，此时这位朋友小心翼翼，非常疲倦，毫无心情去思考那些高尚的问题。"时间如何离我远去？"这位学者说，"我们认识多久了？二十年了？亲爱的时间啊，我那时候计划了多少事情，又有多少没做完的事情再也不想做？倘

1 "durée vécue"，法语，意为"鲜活的绵延"，柏格森的重要术语。

若只有时间被赐予我，我现在还想完成什么？但已经有太多时间过去了，我所剩无几。奇妙的时间啊！时间的消逝啊！”——物理学家再也不说这些了。A 机械般地陷入沉思，他再次与朋友告别，没有得到什么安慰，既没有能力也不打算去安慰别人。一如既往，他再一次听到来自哥尼斯堡的小先生[1]的话，这些话他从青年时代起就耳熟能详，他一再于这些话中重新发现自己，以及自己关于时间的思考。现代逻辑学和辩证法也同样试图与这些想法直接关联。尽管现代哲学做了许多尝试，但空间与时间仍然是一个等待建构的空—时结合体，它们相互陌生。时间是内感官的形式，是体现我们自身和我们的状态的直观形式。这不已经了如指掌了吗？而空间，A 能够每时每刻进行测量，在空间中完成各种事情。外感官就是各种感官的意义，在空间中发生过的事都可以与他人谈论。而在内感官中发生的，很少可以传达，谁

1 来自哥尼斯堡的小先生，指康德。康德认为时间和空间是感性直观的两种纯粹形式，时间是内感官的形式，空间是外感官的形式，我们所有通过感官感知到的内容都要在时间和空间的形式中呈现出来。但他关于时间的思想十分复杂，在《纯粹理性批判》的《原理分析论》中他还提出时间是统一所有知性范畴的基础。

若敢于在自身内部去追索自己和自己的对象，他会一无所获，会被一种精神上荒芜的虚无所威胁。无论在空间中的什么地方指涉现实，当词语失效时，人们都能够用行为替代词语。蓝色是什么？这很难说清楚。但如果A被问及蓝色的定义，他就会指着自己的文件夹说，这就是蓝色。可他怎么让别人感知自己的时间感呢？没有一根食指能够指向某种主体间可感知的东西。这时必须等待，等别人自己感知到时间，并谈论时间。事情也就这样发生了。物理学家出于自身的困境，用被科学和专业哲学批评过的贫乏的词语谈论了时间——在一次“谈话”中，就像人们穿着厚厚的夹克在山顶小屋中经常做的那样，因为，即便是他，也不再是年轻人了。

我们在变老时感知到的时间不仅不可理解，而且充满悖谬，是对每一种智力上所追求的精确性的更为苦涩的嘲笑。某人期待着好事，可那段抱着美好期待的时间，那段“好”时光成了他的敌人，他想把它尽快抛在身后，想“驱赶”它或者“消灭”它。坏事临近着另一个人，这时“坏”辰光成为他唯一的朋友，他紧紧拽住它，就像被判了死刑的人：被处决前他还有五小时，还有两小时，最终，当外面的脚步声响起时，时间一分一秒地流逝，可怜的罪人想要这最可怕的瞬间再多停留一会儿，这一刻多么美妙。

或者是一个年轻人，他面前有如此之多的时间，如此之多，以至于他不愿意听任何关于时间的话，不需要知道任何关于时间的东西。在他健康的身体感知中他对自己确定无疑，从来不需要什么统计学给他这个二十岁的人另划五十年的生命——一段无法剽窃的时间。他生活在宽广的时间中，对自己二十年的生命有着良好的认识和自信。但第二天，他驾驶着他的汽车撞上一棵梧桐树，瘫倒在国道上。这时候他的**生活出了错**，带着他的计划，他空洞的希望，因为对于一个终结的生命，终点——这种情况下即这过早的终点——就是开始，也是他的所有生命阶段的真相，这个过早的终点如今让他过去年轻岁月里的每一个时期都笼罩在一片惨白之中。而即便到了一个差不多符合我们的期待和统计数值的年纪，我们用钟表和日历分割与确定的时间也——在最原始的词义上——未曾丈量，毫无尺度。时间段或时间量不仅与主体间的、对于我们不产生任何意义的物理时间是相对的，而且相互之间也是相对的。它们并不等同。

A经历了战争，在第二次世界大战期间于前线服役，受了伤，挨过炸弹，失去了亲人，被赶出故乡。1939—1945 年的时间节奏对他而言模糊且沉重。战争爆发前的十年在记忆中变得苍白、单薄、轻忽，战后的二十年也是一样。五年的时间比十年、二十年的时间更长、更重。不知不觉间时间的重量被重新分配。过去的一切都被荒草掩盖，突然被抹平了，彻底不再有任何时间的价值。直到那时——往往是在猛然一击后——直到不同时间的分量在荒草之下的转移变得清楚起来时，人们才发现，战争与战后的岁月同样无足轻重，那些此刻如山重的，也许只是早已远去的夏日里的几个星期，是那时一场几乎被遗忘的爱情冒险。

我们和钟表与日历上的时间并非处于理性的关系中。在**我们的**时间里我们也从来没有确定的认识，这个时间却造就了我们的整个自我。我们度过或无聊（langweilig）或欢快（kurzweilig）的日子，不管怎样我们都会无拘无束地把这说出来。但当我们试图再次回顾那时的无聊或欢快时，却发现，事情并不奏效。在单调的无聊中度过的完全不是一段长的时光（lange Weile），反而是一段极为短暂的时间，这段时间在我们的记忆里收缩，如一潭死水。而欢快的时光，因为充满了各种事情，我们会觉得它如此悠长、如此丰富。时针规律地转动。今天我撕掉了日历的一页，就像昨天做过的和明天将做的，如果没有什么——关于某种“什么”，一会儿还有东西要说——突然把我打断的话。然而时间的步伐不是等距的。我在时间中和时间一起迈着步子，并想象着，我是这个生命的一个不甚勇敢却循规守矩的士兵——直到我认识到，我有时气喘吁吁地追逐着，有时又蹑手蹑脚地走动着——一个懒虫，一个逃兵。

我们就这样从完全不同的点出发，走着完全不同的路，却得到和那位敏锐的鸟头英国人一样滑稽悖谬的结论——时间存在吗？荒谬！时间一直**在**我们自身**之中**，就像空间**在**我们**周围**。我们很难置之不理，就像对我们的此在，即便它也是一样没有人能完全想明白的东西。我们没法抓住它吗？

我们可以。我们在**变老**中找到时间——即便我们不像盖尔芒特的 A，将自己奉献给诗人的幻想，时间也作为重现的时光[1]在记忆中被获取、保存，我们也由此潜入

---

1 重现的时光，原文为法语“temps retrouvé”。“Le Temps retrouvé”是《追忆似水年华》最后一部的标题。

永恒。

我是怎么过来的，A想着，抚摩着额头，是怎么一路小跑，穿越从战争结束至今的时光，以至我现在如此疲惫，想要在路旁稍做休息。昨天伴着鲜血和死亡结束了，一个巨大的未来，我想，在朝我走来。那时人们盲目地在巴黎的塞纳河左岸奔跑着，怒气冲冲地与这未来相遇。圣日耳曼德佩区[1]，红玫瑰[2]，萨特，从抵抗运动到革命。时间以不同的方式呈现，狂野的快步成了规则的小跑，后者也许比前者更累人。我投身于一个我想要改变的世界，这个世界却想要改变我，并在一场很不平等的战斗中获了胜，错乱的市民精神的诱骗。一套公寓，小小的；一辆汽车，小小的；一个银行账户，只为了偶尔转一下账。但也正是在累人的小跑中得到了公寓、汽车和银行账户，复式阁楼的自由，一个将自己的事情完全付诸虚无的人的自由就朝着那里——与时间一起，在

---

1　圣日耳曼德佩区（Saint-Germain-des-Prés），萨特和波伏娃活动的主要区域。

2 《红玫瑰》（*La Rose Rouge*），法国喜剧电影，1951年上映，是20世纪上半叶法国最著名的巡回表演团之一Les Frères Jacques在银幕上的首次亮相。

时间中。

我是怎么过来的？A 想破了头。现在我要取走一切，无论发生的是什么，喘息的时间，反思的时间，因为街道总是越来越宽，腿却越来越短。呼吸越来越沉重，肌肉越来越虚弱，脑袋越来越笨拙。但即便用笨拙的脑袋，人们也可以思考此在和时间的消逝，思考在额头上留下痕迹的变老，甚至比聪明的脑子还好使，因为聪明的脑子总是创造秩序，而如果想要追索时间的痕迹，人们应当向无序屈服。

A 想着，在探寻时间时人们必须放弃自己智力上的雄心。当情况变得糟糕时，只要事情对头——“对头”（recht）并不是说“正确”，只是说“诚恳”——人们就可以满意了。对时间的探寻是想要像直观的知识一样吗？亲爱的天堂，不！糟糕的、对头的思想应该只描述一条自己的道路。剩余的或许是全然不合适的文学和哲学。

强硬的理性没有价值，如果是为了获取实证知识，它的确是唯一可用的思考工具，可在根本的矛盾排除了所有事理的地方，它显得毫无用处。在追索时间时我们无须理会通常逻辑思考的确定规则，因为对于要表达的东西，没有什么条例是有效的，因为时间不同于空间，与现实的逻辑无关。过去、当下、未来，第一个在我身后，第二个与我同在，第三个在我之前：言谈的方式和通常的想象都是如此构造的。对于当下不可能有正确可言，这是挡住我们道路的第一条和最琐碎的想法，因为当下不包含时间的延续，我们已经和那位英国人一起说过这点。人们又继续用人造的概念帮助自己：时间不是连接过去和终点的最短线段，而是“意向性的领域”（Feld von Intentionalitäten）。[1] 习惯的语言用法没有仔细聆听过现象学家的想法，也不需要再去聆听，因为它毕竟反映了事情所取决的日常现实——语言的使用一直知晓这样或者相似的情况。人们谈论“当下”，毕竟从来都不是指没有延展的理念的点。谁说到当下，就是从一类数据中无意识地构建了一个系统、一个“领域”，如果后一种表达更让人喜欢的话。我会在某种特定联系中说“现在”：现在在自身中包含一定的过去和未来的量。就如

---

1　意向性的领域，胡塞尔和海德格尔的现象学概念，可参见 Husserl, Ideen zu einer reinen Phänomenologie und phänomenologischen Philosophie. Erstes Buch, Frankfurt am Main 2009; Heidegger, Prolegomena zur Geschichte des Zeitbegriffs, Frankfurt am Main 1994。

言谈和行为的结合一次次确定的，它可以是一个感官刺激的片刻，比如我用香烟烧了手指的瞬间，也可以是我在海边度过的四周假期，我的工作有了新转机的持续中的那一年。我处在这几周或者这一年内，但我说“现在”，就划定了一个囊括未来和过去的时间域，我将其称为“当下”。这样时间对于面朝这个世界生活的人而言就不是个人问题——当然，直到眼前这一高呼“天哪—时间—都去—哪儿了—我这一年”（O-weh-wohin-entschwanden-alle-meine-Jahr）[1]那一刻。只有当一个人像在路边休息的A一样，意识到时间的消失与不可重现时，时间才会成为摆在他面前的问题。

如果人们想要为这个问题找到一个答案，会立刻语塞。因为无论用线段还是用领域来描述都无法一蹴而就。过去在那儿，并一直在那儿。而当下和未来失去了它们的时间特征。当下被过去一刻不停地吞咽，未来的情况也没有更好。但始终只有变老的人发现和理解这一点，

1 “O weh, wohin entschwanden alle meine Jahr”是德语日常中常用的表达，意为“天哪，我这一整年时间都去哪儿了”。作者将其用连字符断开可能是对现象学术语的戏仿，海德格尔经常将一些日常德语用连字符断开以揭示其中的深意。

因为不再有那么多事情降临在他身上，这一切合情合理，他开始有所保留地向朋友道别："过了年我们再见。"他拥有时间，他**就是**整个时间，因为他不再那么理直气壮地相信世界和即将到来的事情。

尽管年轻人不假思索地面向未来生活，但未来也是时间。谁若因此说年轻人也拥有时间、了解时间，他就从未体会过除了时间之外一无所有时的时间是什么模样。是的，年轻人的生活围绕未来展开，就如我们的A在红玫瑰和存在主义的日子里，未来不是时间，它是**世界**，或者准确地说，它是**空间**。年轻人谈论着自己，他面前有时间。但实际上摆在他面前的是他所接纳和用以标识自身的世界。换句话说，老年人的生命在身后，这个不再能实在地被经历的生命，除了堆积的、被经历过的、被度过的时间之外一无所是。我们相信自己面前的时间越少，只要我们的身体和统计数据这样向我们揭示，那么在我们**之内**的时间就越多——倘若盖尔芒特亲王和阿让古尔先生的外在也没有改变，那样A就会毫不费力地把他们认出来，但他们已然老了，老到时间在他们内里成了重负。年轻人意识到，他们以为是时间的，变成了对即将发生在他们身上的，以及在生命与死去的进程之后就要面对的东西的不耐烦的等待。对于他们，时间是理所当然地在空间中运动着的，将要进入他们的生命和他们自身。关于一个年轻人，显而易见，人们更愿意说“世界对他是敞开的”，而不是“他有的是时间”。而老人或者变老的人每天体验到的未来却是对空间之物和实际发生效用之物的否定。要我们说，未来不是时间，而是世界和空间。在日常生活中的某些时刻，谁没有过这样的体验呢？他不耐烦地等待着一件事情。等待的急切让他坐立不安。他从座位上起来，不安地走来走去，离开屋子，为了将这件事情——一个空间和世界的情境——牵扯到自己身上。大多数时候他乘坐汽车或火车朝着时间迎面而去，这时间是时间—空间。而没有任何东西要等待，或者要等待的事情很少，或者没什么重要的事情要等待的人，投入过去深沉的井水中的人，待在一个地方一动不动。他瘫坐着，蜷缩在床上，闭上眼睛，付出徒劳的热忱，在自身内去寻找，那是生命、是世界、是空间，但现在还只是时间的东西。简而言之，察觉自己老了和正在变老意味着，在身体和在人们可以称为灵魂的东西中拥有时间。年轻就是将身体抛掷到那并非时间，而是生命、世界和空间的时间中去。

A 沮丧地说："距我由左岸出发、投身世界也没多久，不过大约二十年，可让我的心悸的是，这二十年仿佛只是短暂的一瞬，因为这与在镜子里看到的皱纹无关，但通过它们、和它们一起我看到了所有在这活过的二十年里曾经看到的镜中像。而再过二十年我将不复存在：在我面前的世界是多么稀少！认为在自己前面还拥有被称为"时间"的东西的人，实际上都明确知道自己将进入空间，会将自己外化（er-äußern）。在自身中拥有生命，也就是拥有真正的时间的人，必须结束内化（Er-innern）[1]那骗人的魔法。即将发生在他身上的是死亡，死亡会将他从空间中彻底掳走，将他自身和他身体中剩下的部分去空间化（enträumlichen），将从他那里把世界和生命取走，从世界那里把他和他的空间抢走。所以作为一个变老的人他就仅仅是时间，而这就意味着他将完全地成为时间、拥有时间、认识时间。

然而生命不是一个朝向死亡的存在吗？不正是因为

---

1 "Erinnern"的本义是回忆，但作者在这里将其与"er-äußern"相对，而词干"-inner"是"内部""在里面"的意思，故将"Er-innern"译为"内化"。这与回忆的意思也不矛盾，因为回忆就是通过内在的方式了解自己。

时间必须将死亡时间化，其纯粹的时间性才由此变得透明，使得人本真的维度正好就是作为时间的未来吗？是亦不是，而在作为答案适宜于这个问题的是与否中，否比是更有分量。等待死亡并因此处于时间之中——事情不会就这么结束。因为当我等待时，就总有某样东西，它将到而未到，充满了我等待的时间。年轻人就这样等待着，等待他爱恋的女性，等待他想看的风景，等待他计划完成的作品。但在死亡作为等待的时间终点出场的地方，死亡作为等待的对象在变老之人那里每一天都得到更多实际内容，而其他值得等待的事物都失去价值，在那里就不应该再谈论什么朝向未来的时间（Zeit-in-die-Zukunft）。因为我们所等待的死亡不是某物，它是对每一种物性的否定。等待死亡不是朝向它存在（zu-ihm-Sein），因为它什么都不是。死亡不会为我们拯救作为时间维度的未来。相反，通过完全的否定性，通过它所意指的（只要关于含义还可以在条件允许的范围内说一说）完全的、不可逾越的朽灭，死亡消除了每一种未来的意义。它不是拿着镰刀和计时沙漏，把我们“带回家”的骷髅形象的死神——带到哪去呢？它是在最字面的意思上将我去空间化的自相矛盾的事件：是我的归于虚无

（Ver-nichten）。

也只有变老的人才在整个范围内体验到时间的不可回溯。人们谈到“生命之秋”——可爱的比喻！秋天？秋天之后是冬天，然后又是春与夏。而对变老的人而言，生命之秋是最后的秋天，以后不会再有秋天。年轻人还未体会到毫不留情的时间的不可逆转性。秋冬春夏，然后又是秋天。在他前面还有许多这样的季节轮回。这个春季不愿意出现的，会在下一个、下下个、客观上虽然很容易数清但主观上却显得不可数的任何一个春季里来到，这些春季为他准备好世界与空间。只有变老的人，他只要一次就惊人准确地数好秋冬之数——因为他用逝去的和在他那里发生的事情来测量季节——只有他理解时间的消逝就是不可回溯，更为骇人的是，他理解，时间就是人们抱怨许多事情溜走了，跑掉了。

当变老的人理解了他还只是时间，理解了他很快就会被从空间中移除，对他就有一些幻觉的慰藉，即使除去最大、最令人欣慰的幻觉——宗教之外。A——普鲁斯特——认为，当哮喘折磨着他，他在封闭的房间里把自己裹在羊毛围巾里，在床上潦草地写着《追忆似水年华》时，他可以在记忆中占有更现实的现实，并且借助它拥有某种无时间性的，或者说永恒的东西。这催生了一部伟大的作品，然而当最后一口在痛苦中将他撕离世界的呼吸到来时，这变得对他毫无用处。其他人望向空间中，看看它在他们身后将如何存在：那儿有一间房子，在里面会有孩子、孩子的孩子出生和劳作；一块墓碑，灰色、庄重，会为了他们而被制作出来；在窄柜子里摆着他们的书，或者在博物馆的墙上挂着他们的画。而房子会倒塌，子孙会四散，人们会很快忘记他们的书和画。巴黎拉雪兹神父公墓[1]里陵墓朽坏，年久失修，老鼠盘踞在墓堆间。在墓碑上有褪色的金色铭文："Concession à perpétuité。"——永久出让——仿佛市民的财产至少可以获得虚假的永恒。房屋与庭院，书籍，绘画与墓碑，一切都变得和逝者的爱与痛之夜一样：如此美好，仿佛从未存在。

也许，失败的人，被剥夺了所有幻想的"废柴"（raté），会在变老时最强烈地感受到时间的消逝，就像人们一般

1　拉雪兹神父公墓（Cimetière du Père-Lachaise）是世界上最著名的墓地之一，位于巴黎第 20 区。在墓园内埋葬着众多名人，马塞尔·普鲁斯特也是其中之一。——编者注

称为失败——或者称为“错失了世界”更恰当——的东西会向人们揭示最后的问题。“废柴”A，独自坐在咖啡厅里，没有子女，不允许在对死后声誉的幻觉上提出任何要求，不会让人立墓碑，不需要留遗嘱，相反，他在核算，最好把自己的尸体卖给解剖机构——他更彻底地知道自己是一束时间。自从“将自己抛入世界”（Sich-in-die-Welt-Werfen）[1]中不再产生任何东西以来，他就只拥有很小的空间。他习惯了让自己沉浸到回忆之泉中去，并在时间中寻找自己。拥有大汽车和许多房间的邻居还在四处喋喋不休，直到有一天，胸口的一阵疼痛将他撕裂，像被挂在了一个肉钩子上，医生跟他太太小声提到心肌梗死；尚在他想要找时间思考时间之前，他就被从空间中夺去了。但正在变老的“废柴”知道，他处在什么地方，而当他不再“知道”，当他不再拥有对于在空间中的未来实用的见识时，他也会如此体验——比他吵闹的邻居还要多得多。

我们在这里说的，是人性的准确——而非真理！只有变老的人才会完全实现时间和它的不可回溯，渐老之

1　将自己抛入世界，海德格尔《存在与时间》中的重要概念。

人那既炽烈又无望的对**时间倒转**的渴望也向我们确证着这一点。发生过的事情应该变成没发生的事情。A在后悔。他应该做这件事情，应该允许那件事情，但是他必须理解，做过的与没有做过的事都不可更改：他不再承认曾经的意义给予和价值体系，但他不能将他现在想要给予的意义和价值赋予他已经过去的生活。如果不是期待从抵抗中诞生革命，他在1945年以后的年月里也许应该在紧张的工作中锤炼他的语言，并且只做这一件事。但现在太晚了。当他确切地观察到这一点时，他生命的意义，一种无意义已经在他那里堆积成时间的沙堆，现实冲洗掉了曾经的可能性，与他相关的实体不再是柔软可塑的。他后悔过去太拖拉了。现在他已经错过了，他的目光停留在墙上：永不再来。

也许这后悔和这人们确定，但并不愿意如此彻底地、毫无保留地相信的“永不再来”就存于对死亡之畏惧的根源中，因为死亡不仅将我们从空间中夺走，也将我们内部层垒的时间摧毁，甚至于在丧失所有希望后始终保存着某种荒谬希望的痕迹的悔恨都不再能保留，对时间倒转的渴望也必然随着时间消失。“时间倒转了它的脚步，我们如今又是我们二十年前的样子，是我们几周前的样子，是我们昨天的样子！”贝仁格王和玛丽王后说道。但时间没有倒转——王死了。[1]变老的人越确定地认识到自己的老去，就越确切地体会到时间的不可倒转，就越绝望地与其搏斗，也就在同一时间、同一进程中越紧密地属于它。它是他尚且是的一切，他不能离开它就像不能离开自己，却又知道他将要失去它和他自己，是明天、翌年、五年后还是十年后，都并无关系。

我们说过，变老的人是一束时间，或者说时间的层积，这并不是说他可以随意拆开这捆起来的一束再将它们聚拢，并不是说他可以摸索它的层次，成为他时间的主人。精神分析专家教导我们，罹患精神疾病的人会在空间和时间中迷失。实际上空间中只对精神受损者有效

1 《王死了》（*Le Roi se meurt*）是法国剧作家欧仁·尤内斯库（Eugène Ionescos，1909—1994）的作品，荒诞剧的代表。瑞士作曲家亨利·祖特迈斯特（Heinrich Sutermeister，1910—1995）以其为底本创作了歌剧《贝仁格王一世》（*König Bérenger I*）。贝仁格王和玛丽王后是剧中的主角。剧中贝仁格王是一位四百多岁，却早已死去的国王，只有玛格丽特和玛丽两位王后及数位随从陪伴着他。他丧失了控制周围一切和自己身体的力量，玛格丽特王后试图让贝仁格明白死亡的不可避免，而玛丽则想让他免遭承受这种认识的痛苦。最终贝仁格接受了他的死亡。

的东西，也对健康人有效，是他们在时间中存在的标志。当变老的人潜入时间中去，他就会像从岩石间抛落的水流一样坠入不确定中。他可以从物理时间的表格中以或多或少的确定性读取过往，尽管并不总是成功，四五年前的事情他往往也不太确定，在讲述时他总会对说出时间有些犹疑。更重要的是，在计数时间上用来交流的范畴与他关系甚少，他“五年前”的感受与“十年前”无异，个别的时间层之间虽然交换着对于他特别的分量，这种交换却与纪年无关。在这个意义上，发现了他的时间的人完全以非历史的方式活着。

当 A 认为在盖尔芒特亲王那里重新发现了时间时，他记起来的事情对于他没有任何编年的次序。床边的母亲的脸庞，对牢固的花园大门的撞击，斯旺来拜访的时候，和圣-卢在冬西埃尔的一晚，玛德琳饼干的味道，对奥利安公爵夫人裙子的回忆，这些记忆的强度各不相同，但它们的前后顺序对他并不重要。就像我们所有人一样，A 在时间中迷失了。间歇、日子、星期、年份，都与他无关，就像其他兄弟们讲述的时间与回去晚祷的海斯特巴赫的修士而言毫无关系。[1]因为他重新发现的时间不具有编年的结构，而仅仅是**经历过**的时间，不受任何可以从传记角度确认的信息约束，所以他按照曾经经历的强度不同来搜寻信息，但那些经历的强度也在时间中，并随着时间更替。早在从空间中被夺走之前，他就从空间性和当下给予的世界中走了出来，关于这个世界他说过，从前他只通过“骗人的感官”看过它。他放弃了世界，为了成为时间，为了成为他自己。他记起那些作为时间在他里面层垒起来的，因为他太累了，没法再想有什么外在的显现。他只有对死亡的畏惧，因为死亡不仅将身体从空间中夺走，也从身体中抽离了**时间**，曾经经历过的时间，在那里他曾经只能找到那个自我，那个 dans le monde，“在世界中”——这里的世界同时指作

1 “海斯特巴赫的修士”是德国著名的传说，传说中 13 世纪初海斯特巴赫修道院的一位博学的修士伊福（Ivo）一日读到诗篇中的“在你（指上帝）看来 / 千年如已过的昨日 / 又如夜间的一更”一句时陷入沉思，走入修道院旁的森林深处打坐冥想，回神时已过半晌。他回到修道院，却发现会内的兄弟没有一个是他认识的。他向众人讲述了自己的经历，修士们翻查了修会的记录，发现三百年前确实有位叫伊福的修士在此修行，后在森林中迷失不知所踪。伊福听说这一切后，头发瞬间苍白，容貌变老，俄而归寂。德国浪漫派诗人沃尔夫冈·穆勒（Wolfgang Müller，1816—1873）曾据此创作诗歌《海斯特巴赫的修士》（*Der Mönch von Heisterbach*）。

为现象域和作为“文明社会”的世界——的生活里没有授予所有权的那个自我。

A 记起来（erinnerte），回忆着（erinnerte sich），他在记忆中变为自己。在《追忆似水年华》的素描中他没有向我们述说的，是那种时间，那种即便其记忆已褪色，没有任何兴趣和力量探寻自己的人也能感知到负担的时间。变老的人——首先要说的不是老人或者生命已入黄昏的高龄老人——即便不是在回忆时摸索时间，也会感受到时间层次的重量。这种感觉一直在他那里——这不仅仅是因为身体的力量正在消失或者身体引起的痛苦不断增加：他承受着**时间**，不需要在记忆中才实现过去。时间—过往就在那里，即便缺乏作为纯粹感觉、作为直接又不可转达的性质的种种记忆，而要从语言上对其加以符号化，我们必须从空间世界中提取隐喻，以免对其无话可说。时间的重量也压在那些人身上，只有很少的事情能够让他们在回忆中将时间作为一个对象呈现出来。这样时间就成为**纯粹的**时间，或者说成为内感官的当下，对我们而言，内感官比外感官，比空间性的直观形式更本真。

空间，即便是我通过空间的直观形式占有的空间，也同时总是别人的空间：一个主体间可把握的现象。空间没有任何直接的东西，在被体验的空间和被科学度量的空间之间不存在不可通约这回事。但无论我如何被要求将我感受到的时间转达给他人，和我的时间在一起的仅我一人。所以时间感的戏码完全无法与空间感的戏码同日而语。

我们很了解的A在六个月时间里被捆绑着扔在一个昏暗的单人间里。他没有空间，一部分因为这个房间十分狭小，只有一点点光亮，一部分因为他被绑着动弹不得。他直起身来，持续了好一会儿，在他满足于世界抽离的事实之后空间也没有离开他。而被体验的时间以更大的存在厚度每分每秒都在他里面显现出来，以至于一小时前享用的用餐时间并不比记忆中的童年经历离他更近。他已经有一半脱离了空间，因为他彻底发现，被体验的时间在特定情况下必须为了世界呈现出来：被体验的时间完全是他的财产，他的独特之处，而世界总是愚弄人们。在可预料、已计划的自我实现中，人们希望给世界留下自己的印记。但之后证明，每一个印记都被另一个消解。展望未来的意愿没有让我们实现自我，也没有让我们占有世界。它不过是气喘吁吁地在那些掌控我们的外在力量中迷失了自我。

最后，A在他的单间里，在许多悖论和荒谬中——这些是他在追思空间与时间的实存时自己撞上的——得以把握到那一个最大的悖论与荒谬，它将其他所有歧义与对立都包含在自己之中，那就是"在—世界中—存在"（In-der-Welt-Sein）[1]之中，在将自己抛入空间的世界之中的尚不是自我，只有在与世界的争斗中，在与世界亲密的游戏中，自我才愿意成为自我。在增强了自我的地方就是凝结了的时间，是没有世界的时间，虚影般的"自我—在—时间中"具有平静的哀婉和弃绝的情感特质。最后，"自我—在—世界内"和"自我—在—时间中"都不可能是**现实**。

然而每个人都是现实的，是现实的一部分，只要他还在空间里，还承载着时间。只有当这些太过焦灼的，从一开始就被判无果的关于此在与时间消逝的思索让我们疯狂甚或自杀时，在错误或者自我摧毁的荒谬中，矛盾最终就消解了。所以在小单间里的A的心情跟其他同伴不一样，他后来和这些同伴谈论过死亡胁迫下的个体

---

1 在—世界中—存在，海德格尔的常用术语。

时间。他们中的许多人在期望着将自身抛入世界时没有放弃此时浮现出的希望。面对被等待的终点，A没有畏惧。不是因为他一直很勇敢——他从来不是这样的——而是因为，当他离开亲王的午后聚会，在装了软木的房间里开始工作后，在必然成为冥想（Sinnieren）的思索（Sinnen）中——既然要琢磨（Ersinnende）的东西不需要被想出来，甚至不需要**想到**——他变得和盖尔芒特家的客人一样疲惫。因为每个人都如此说，并且作为一个实际上相信自己的人对实际上被相信的世界做出反应，所以每个人都是实际的并处于实际之中，谁如果对此不满意，谁如果开始反抗，他就不再屈从。他将成为世界的笑柄，最终也将成为自己的笑柄，因为他想要对不可思考的东西加以思考。他情况糟糕，顶多能有所缓解，就像A后来对失去时间的寻找就是这样一种缓解。

自然，只有从时间流逝中的此在的无意义陷入疯癫边缘之人才需要这样的缓解，而疯癫也许是对我们所有人提出来的最大的伪问题，同时也是最折磨人的存在问题的唯一答案。不从越过思虑引向冥想，又从冥想引向无思的求索开始的人，作为每个人活在时间和实际之中。他沉入一个平衡之中，得以抚慰，这个平衡必然可被虚无摧毁，但通常通过一种精神的细胞更新可以再建。他以同样的重量悬在死亡和疯癫之间，在这个重量中被空间化的编年时间与被经历的时间大约有同样的分量，大脑的迟钝也在这儿作为一种自我保护发生反应。他也许会说，他有一种“自然的时间感”，那是健康的感官及其持久力的保证。

他这样只是从思想工作的经验领域里撤回到习惯的安逸中去了吗？当他未曾沉静下来倾听自己时，他确实常常谈论时间，仿佛对其了如指掌：我们明天上午十二点再见，一年前我参观了卢瓦尔城堡，在牙医那里等得很无聊，浪费时间。社会性生活迫使他拥有一块手表，把日程记在笔记本上，为某个确定日子渡过海峡的行程预订一个床位。在免于思考的平静中他拥有过去、现在、未来，就如它们被他索取的样子，因为他应该正常发挥功能。而最终对他不成问题的正是“自然的时间感”，他坚持“自然的时间感”，带着对它的确定，他知道自己胜过不思之人，知道这不同于安逸和对功能性法则的服从。他可以这样辩驳：这反而确实与“自然”有关，这不仅和脱离了实际性科学的物理—数学秩序的自然有关，而且和**被经历的**（gelebter）时间，和——如果要用一个我们熟悉的概念的话——nature vécue[1] 有关。

因为他确实**生活着**（lebt）。假定，他有一个伤口。这个伤口最开始不会自己愈合。它化脓，给他带来疼痛，让他觉得这是外部空间对他身体的侵犯，而只有当他不再拥有身体，也就是说不再感觉到身体时，他才完全拥有身体。然后康复了。他的有机体在对抗感染的战斗中获胜了，伤口愈合了——是时间消除了他的伤痛。一天天过去，新的细胞组织覆盖了伤口，它同时逐渐成了被经历的时间和被经历的自然——直到时间凯旋的那一天，在那一天多亏了时间，伤口的的确确不在了，俗语说，时间治愈了一切伤口，但实际上时间从未这么做过。伤口变成了疤痕，被时间解决了，于是它也不再是时间自身，亦不是处于空间中的外在，只是单纯地不再自我感知、属于世界的身体的一部分。

所以非常明显，确实存在着某种自然时间感，它超出了日常劳作所必需的习惯。**而对时间的反思并不自然，也不想成为自然的**。这是陷入了震惊的人的工作，他不再安于自身，因为不安不允许他安静，而他想要离开自

---

1 nature vécue，法语，意为“主观自然”。

己，并借此找到自己，在时间中找到自己。在变老的过程中，时间的秘密某一日让他心烦意乱，将他惊扰。是否因为他认识到每一次伤口的治愈都是假象，既然对于他和每个人而言，在其之后没有任何组织更新的最后的伤害超越了所有的痊愈？是否因为他不再安于这样的现状：他虽仍旧在时间和空间中生存着，却终会在某个即将到来的日子里不复存在？听凭自己陷入震惊的人，即便只是在思索他内里累积起来的时间的短暂时刻里，无论如何也已几乎离开了空间，也许他还可以在空间里停留一段时期。当他的时间转瞬逝去，他仍旧是时间的造物。他说“我”，意思是“我的时间”。对于其他人，对于那些让时间直接被卖掉的人，还有那些头脑敏锐，要将他功能完善的精神的秩序强加于时间之上的人，他变得愈加陌生。

# 变成自己的陌生人

几个星期以来，每当 A 早晨站在浴室的镜子前时，她都会注意到眼皮上小小的黄色皮疹或者小泡，这些东西不会引起其他不适，摸起来不疼，明显无害，就是长在那儿，没有特别丑陋，只是在很有限的程度上显得有些难看，其他人只有在被明确提醒后才会察觉到，但它们却会在这些年出现的些许不安中给 A 增添一种并不让人慌乱，却以琐碎的方式折磨人的新的不安。A 翻阅了她的大众医学小手册，她越来越频繁地阅读这本书，这让她懊恼不已，从书里她得知，她得了黄斑瘤（Xanthelasmen），这种病因为某些物质——就是那本就让人厌恶的胆固醇的堆积引起的，有机体仿佛以不断上升的产量生产着它。黄斑瘤会让人一下子联想到詹蒂碧（Xanthippe），这增强了A的厌恶，尽管她知道，苏格拉底的妻子担上黄脸婆的名声很不公平。[1]

五十岁的A因为她发黄的肤色想到詹蒂碧，这算不上什么幽默。她站在镜子前陷入自我怀疑，却又明白自我陌异即自我赢获这一晦暗的事实，这事实还包括反感，或者用更好的表达：对长了黄斑和——用她有时候絮絮叨叨自言自语的话来说——用“受伤的”眼睛从镜子里看着她的自我的反抗。没有受过思维训练的她，因为新的敌意受到贬损，也因此而激动，理所当然地，她首先要寻求帮助。无论从哪个方面来看，这都关系到一种新陈代谢的失衡，一种变老的迹象。她到她熟悉的朋友那儿去寻求建议，这位朋友写过一本详尽而优美的著

1 “Xanthippe”是苏格拉底妻子的名字，名字字面意思是“黄马”，和“Xanthelasmen”的前半部分都源自希腊语“xanthos”，即黄色，所以作者会说联想到“Xanthippe”。柏拉图在《斐多》中提到她是一个尽职的妻子和母亲，在色诺芬的《会饮》中苏格拉底说她是最难相处的女人，十分好辩，但对她的性格并无过多描述。后世则传说她泼辣蛮横，以至于用她的名字泛指悍妇，用“黄脸婆”意译兼顾其字面含义。

作——《为境所迫》[1]，意思是“周遭的逼迫”，尤其指年龄的压力，不过被不准确地翻译成德语“事物的进程”。“我常常惊讶地停留在构成我面貌的那些难以相信的特征上，”朋友写道，“我憎恨我在镜子中的样子：帽子遮在眼睛上，眼袋很大，堆得太满的脸，嘴角的悲伤来自一堆褶子。我看着我以前的脑袋，它现在染上了痘疹，再也脱不掉。”A 喃喃自语：“可怜的西蒙娜，你害了病，却从未像我一样成为一个黄脸婆。”但她即便充满同情，却对她的朋友一点儿也不满意，因为她虽然抱怨，就像她自己一样，却没有描述过，在被抱怨的和值得抱怨的东西之上与之下还发生了什么——事情就取决于此。

在细碎痛楚的根上有什么？很长时间以前，尚在黄斑出现在眼皮上之前，这痛楚就每天早上让镜子前的 A 心烦意乱。也许，在最底部存放的是一份恐惧，这恐惧首先与变老和因此而来的有机体有限的退化无关。一种面对自我的深深的战栗，自我不仅仅在镜子中——既

---

1 《为境所迫》（*La Force des choses*）是西蒙娜·德·波伏娃（Simone de Beauvoir，1908—1986）出版于 1963 年的一本自传。书名的字面意思是“事物的力量”。

然A可以观察到，而且也可以触摸，以至于自己摸索着的手会以怪异的方式成为感觉着的手，自我也同时是非我，以至于从青年时期就最亲密的人却作为一个陌生人站在我们面前。这份惊悚，人性基本状态的一部分，却被日常生活掩盖了——新唇膏的颜色是亮还是暗？新发型会不会太翘了？脖子上的珠宝是不是有些张扬？所以人们能够勉强心理平衡地从镜子前走开，将自己置于光天化日之下。当变老的人觉察到自己衰老的痕迹后，镜子里的样子开始在眼前挥之不去，薄薄的一层日常便瞬间撕裂，惊恐突然爆发：我们是我和非我，并可以作为“我—非—我”怀疑日已习惯的自我。

然而最强大的炮火也许应该与“恐惧”和“惊恐”保留在一起，和一出高调的戏剧保留在一起，这出戏剧对于变老的人而言确实随即会脱离另一种——如果人们愿意的话也可以说——形而上学上低等的，但窘困并不因此减少的无趣，并在这无趣中被消解。A的眼睛盯在泛黄的皮肤增生上，她不再喜欢自己，也许会和朋友一起对自己说：“这么可怕的一个东西，现在它肯定成了我的一部分。”自我憎恨？这有些言过其实，因为自我憎恨始终有一种道德属性，这种属性不可能延伸到对干瘪皮肤的反感上，不可能延伸到逐渐失去可溶成分以致最终让难以溶解的基本物质滋长的增生组织细胞上。反感自己？也不是。因为虽然A知道，黄斑瘤和干瘪的皮肤纵使整体上让人厌恶，却很少让人回忆起那些以前因其他衰败而产生的自我反感，但这种认识本质上来自外部，来自世界，她的黄斑对世界而言是一个陌生人的黄斑，而这个瑕疵对于**她**来说就是**她的**斑点，一种属于自己的和本真的东西，对这种厌恶就像对新陈代谢导致的排泄一样难以反抗，即便她会考虑能不能让外科医生把它去掉。（这样的手术需要花费多少？有技术精湛的专家吗？）羞愧？也许。尽管我们会自然而然地设想，所有的女人和男人，年轻的和正在变老的，用干瘪的皮肤和软化褪色的骨头透过眼睑穿越世界，让这样的东西不再可憎，毕竟在这样的情况下，不可能每个人都憎恨每个人。

而自我厌恶——作为生命厌恶的类似表达，即便生命厌恶时不时会导致自杀，但它从来不是对生命的完全憎恨和恶心，反而始终是对生命的愿望，或者说，对某种特定生命形式的愿望，这种形式向我们宣告了当前生命的无效——自我厌恶，就是这样！

A发现，她在每天早晨越频繁地重复那个已成为仪式的镜前实验，自我厌恶就会越频繁地与一种自己不承认的自我称赞平行出现，因为某种东西会涌现出来，就像已经承受如此之久之后产生的骄傲，以至于她一直深陷在自我厌恶里，披着她脆弱的皮肤，就像一名勇敢的战士带着他的伤痕。变老的人与他身体的关系便是一种自恋，只不过，对镜中形象的热恋不再是单义的，而是厌恶与爱的复合，在这种复合中，厌恶爱着自身，而爱让自己深深厌恶。

每一个和她处境相同的人，都怀有揭露幽暗事实的愿望。和他们一样，她惊讶于这种**双重含义**——她更愿意和朋友一起把它叫作“歧义”[1]——她滞留在这惊讶中，没有任何机会去适应单义的清晰明确。没错，因为她要面对的难题不仅是镜前自我厌恶与自我称赞的双重含义，而且，自我陌异和自我信任之间的不协和音反成了她整个生命的和谐，这也让她耗尽心力。

她对自己感到陌生了，无疑，她在早晨的仪式里看到的，与外在的自己毫不相关或者关系很小，这外在的自我是她从早年或者近年那些风光日子里一路拖带过来

1　歧义，原文为法语“ambiguité”。

的，因为她总是想在一个至高的意识层面对自己说，她“感觉很年轻”。当她把自己的名字写在一个信封上时，这名字让她联想到一位还没有老去的女士。在朋友那里查阅一番后，又重新找到这一句："我不管在哪儿读到印出来的'西蒙娜·德·波伏娃'这个名字，人们都会跟我说起一位年轻的女士，我就是她……"事情对于她就是如此，并无别样，也许自我厌恶最强的组成部分正是这种自我陌异，是穿过岁月拖带而来的年轻自我和镜中变老的妇女的自我之间的抵牾。但在同样的呼吸和同样的时间流逝中，如果她只是在镜子前面忍耐着，没有因为愤怒，一种只属于陌生人的愤怒而转身离开，她就会明白，因为这黄斑和失去神采的眼睛，她会比以前更靠近自己，心中充满厌恶，却与自己更亲密，对自己更信任，她被判在对她变得陌生的镜像前以越来越压抑的方式变成她自己。"曾经，"朋友写道，"我以为我很少关心我的外表。吃饱了的、健康的人们就这样忘了他们的胃；只要我在看着镜子中的我的脸时没什么不快，我就会忘记它，这点理所当然。不会再这样了，我恨我的脸。[1]”但是A和她的朋友不同，或者至少与她的朋友所描述的不符，她知道她不仅嫌弃她的脸，她的脸对于她不仅是变得陌生那么简单。因为曾经，人们能够毫无不悦地看着的这副面孔，人们能够“忘记”它，那时候，对于她而言脸究竟可曾存在过？它曾是她所属于，也属于她的世界的一部分，没有自我怀疑的自我的一部分，曾同时是自我和世界，因为自我尚未对自己变得陌生。只有现在，在有时会让她完全无法辨认的变化中，那陌生的，因为已经从世界中逐出而不再朝向世界的面孔完全成了她的，是自我陌异和自我成就的交合，其极端情况会是一种自恋的忧郁，这是每一个变老之人的基本体验，他们只能耐心地在镜子面前忍受着，镜子带来勇气，让自己不会被黄斑和干瘪所追赶，这勇气不会接受旁人的习惯性判断，不会屈从于这判断。——A还将继续进行这镜子前的典礼，直到有一天她要么彻底地被从空间中夺走，要么由一个正在变老的人变成真的老妪，不再保有以往岁月的自我，只能在相簿中搜寻自己的面孔。

1　“不会再这样了，我恨我的脸”原文为法语：Rien ne va plus, je déteste mon visage。

A发现了变老的歧义，并置身其中，这歧义不仅是在镜子前探索自我。每一个在生命处境中变老的人——女人和男人——与他们身体的关系都是双义的。因为变老对于变老之人而言不是“正常状态”：规范是客观见解的事情，这一点对于变老就如对死亡一样有效，死亡对于其他人而言都只是一个事实，除此之外什么都不是。一位七十五岁、身体状态良好的女士因为折磨人的风湿去看一位专科医生，她用恼怒的激愤声调一再解释，她以前从来没得过风湿，现在医生应该好心好意地将它从她的身体里消除。专科医生开玩笑地说道：“是啊，仁慈的女士，如果不是现在，那么你究竟想什么时候得风湿呢？”女士完全没明白其中的趣味：她不想得风湿，生命的任何阶段都不想得，就像她完全不想成为老人，不想死去，因为年老和死亡都是别人的事。我们一切安好，旁人才老去和死去。我们将自己从生与死的进程中剥离出去。

有些人没有消弭在社会共识之中，他们不会持有一般的意见，那些完全不是意见，毋宁说只是关于各种意见的意见，对于每一个这样的人，变老都不是一种正常的进程，就像风湿对这位老妇人一样，它自在自为地彻底是种疾病，一种没有任何康复希望的疾病。诚然，作为变老的人我们也会生病，然后在医学的意义上“康复”。然而在康复之后变老的我们再次发现自己始终处于有机体螺旋线的底端：我们再也不会像以前那样健康了，不管医生的答复听起来多么令人满意。今天我们比昨天略微不健康，但又比明天健康一点儿。变老是一种**无法治愈的**疾病，它就和任何一种严重的疾病一样服从相同的现象法则，这些法则可以在任何一个生命阶段侵入我们的身躯。所以变老也与我们身体之间建立起同样的既熟悉又陌生的关系，就像某种微恙，当它以不断上升的数量和逐渐增长的毁灭力量给我们带来疾病时，它会作为整体，在身体相对安适的阶段具有那种疲劳的特征，这种特征是每一种或重或轻的疾病的特征。已然老朽的人放弃了一切，这让他的年龄丧失了威力，但在尚且允许反抗念头存在的变老过程中，我们意识到了我们所处的**境况**。

的确，境况一般要在逆境中才能被察觉，这不是一个昂贵的真理。谁若说“我感觉挺好”，他自然已经不再完全对自己的状态满意，就像那个号称觉得自己年轻的男人，实际上再也不是一个年轻男子了。谁如果“感觉”好或坏，他的情况就不是特别好，因为只要他确实完全拥有他的力量，身体健康、毫无疑虑地生活着，他就“感觉”不到。他不在自身——而是像我们在一个伟大的德国医生和人类学家那里读到的，他在“那儿”：在物与世界上发生的事情中，他在——我们还得自己加一句——**自己外面**，在空间里，他算这空间的一部分，这空间也属于他，这个空间与他的自我不可分割地长到了一起。

变老的人却愈加接近一个无世界的自我。他的一部分通过由精神和身体的记忆收集的过去变成了时间，另一部分逐渐成为他的身体。即便他避免看到自己的镜像，就像许多变老的人做的那样，因为他们接受了来自周遭世界的评价：干瘪的皮肤真丑陋，即便如此，事情对于他就完全像对镜子前面的 A 一样：他觉得，从现在起作为他的自我呈现在他面前的身体，就像一个外壳，像某种外在的、装扮在他身上的东西，却又同时是他最本己的东西，他逐步将自己还原到这东西上，对它的关注越来越多。

我们喜欢避开镜子。但我们不可避免地看到自己青筋暴露的双手、松弛起皱的肚子、脚趾甲虽然屡经修剪仍然变厚开裂的双脚。就算我们失明，我们也不能脱离自己的身体，不能剥离自己的皮肤，不能像我们抚摩自己起屑的皮肤时极力想要做的那样。就如萨特曾经说过的，身体是一件“女士晨衣”，通过不了解自身来了解自身——这具身体不再向我们传达世界，反而借着沉重的呼吸、疼痛的双腿和被炎症折磨的关节将世界与空间在我们面前封锁，它成为我们的牢笼，却也成为我们最后的避难所。身体变成了外壳——“必朽的皮囊”这个词组跳到每一个变老的人眼前，每一个反思自己身体上所发生事情的人眼前——却也在与思考同时进行的呼吸的瞬间变成最属于人的本真性，因为最终身体一直在那儿，保存得好好的。

世界曾经的样子——作为我们自我的一部分时的样子——随着干瘪的身体，也因为干瘪的身体而干缩了。更糟的是，它变成了对我们自我的清晰否定。

好多年以来A就因为某种感觉的冷却而不安，这种感觉曾被他称为“风景感”。峰峦、山谷、森林，他曾经钟爱的风景，如今对他而言是一个不曾接纳过他的俱乐部。他确实有一些充足的理由，对自然被从审美上领会为风景报之以怀疑。森林、山谷、峰峦，它们必然在确定的、于他而言尚属当下的时间里，被用作糟糕的诗歌和更糟糕的政治。那些当时宣称自己“亲近自然”，并用干涩的声音歌唱风景的人，成了人的敌人，以至于A有理由同情赛特姆布里尼先生[1]的主张。赛特姆布里尼先生曾对一个——用形象的语言来说——生命的忧虑之子[2]解释过，自然在其与精神的关系中为何是坏的、魔鬼般的原则。然而对于A，这位会说聪明话的意大利朋友虽然是一个值得热爱的文学回忆，却非权威，他清楚地知道，因为在一个很近的、尽管历史上已远离的时代中，曾有过这么一类十分可疑的风景美学和自然神化，就放弃山峰的轮廓、缓坡上的林浪带来的欢乐，这是多么荒谬。

在他试图弄清风景感的消退之前持续了好长一段时间，这种消退立刻会将自己从负面加深为明确宣称的对

1 赛特姆布里尼（Signor Settembrini），托马斯·曼小说《魔山》中的人物，意大利人（Signor 即意大利语先生的意思），一位赞成启蒙价值观的民主人士。

2 在《魔山》中，赛特姆布里尼先生用这个名号称呼单纯的青年卡斯托普（Castorp）。这个名号的来源可以追溯到德国作家和学者约翰·戈特弗里德·赫尔德（Johann Gottfried Herder，1744—1803）的诗作《忧虑之子》（*Das Kind der Sorge*）。

风景的恼怒。也就是说他在自然中比在城市中更多地意识到，作为他人格一部分所拥有的世界如何变成了对这一人格的否定。

爬山如此累人，如今成了他的反自我。他想在里面游泳的水域，如果到了他完全不愿意忍受的温度，便是对他说了不。可爱的山谷，满是飞虫，在他年轻时从来没打扰过他，现在却让他暴躁，变成对他膨胀的愿望的否定。别人登上山峰，在湖里沐浴，在谷中穿行；他被排挤出来，抛回自身。在这里我们只是以比喻的方式谈论风景的敌意，但它在“主观世界”里是一种现实和意识直接的被给予——A 意识到它就是对其人格的背反。他开始逃避自然。现在他彻底变成了自然的陌生人，抽身退回他的房间。在那里，已变成对他的否定的世界提出的挑战才不再让他每时每刻都感到羞辱。当朋友邀请他周日外出或者到乡间逗留时，他不假思索地拒绝了。当对手的力量和权势一刻不停地增加，而自己持续变得弱小时，和它去较量便没了意义。

理性的科学或者仅仅是朴实的日常观察将教导我们，A 的情况是一种个人情况，用关于他那有缺陷的健康状况的医学范畴来说，这种状况不允许他从事体育或半体育的活动，其他的都是太过精巧的胡说。——那对已届高龄的夫妇不是把一段长途步行抛在身后，却感觉自己“很好”，甚至觉得“年轻”？确实，总是有精力充沛的老年人，尚能略微奋起争夺些世界和空间。有一个人比另一个人病得轻一些，这个人已经四十五岁，以至于曾经的同学几乎认不出他来，那个人更为勇敢，在他六十岁生日的时候认识他的人觉得他依然未变，为这位六十岁的年轻人欢呼。我们尝试描述变老的本质，这种描述既不倚借常识的牢固，也不依靠医学术语的客观，剩下来*真实的*，是我们说过的：世界不仅从变老的人那里抽身而去，而且变成了他的对手，每个人或早或晚，在被或多或少沉重的身体劳累侵袭后，都会放弃这不公平的战斗，转身离开。在飘舞的旗帜下撤离的日子，在一个变得充满敌意的世界前彻底投降的日子会降临在每一个人身上——就像它所宣告的死亡一样确定。

如果变老有某种基本情况的话，那么对它的描述会逐渐集中于辛苦、艰难这些词汇上。迟钝而模糊地意识到某种疾病不可治愈让人感到辛苦，艰苦的则是那种大多数不会完全承认，但是必定充斥着整个生存空间的确定性：在一场大病之后我们也许在医学的意义上痊愈了，却每一天都比以前更加病恹恹地从床上起来。即使在此笼罩我们的也是自我陌异与自我熟悉、自我厌恶与自我探寻的歧义。在言说—思维的层面，前一部分总是盖过后一部分：正在变老和因变老而患病的人，当他们盯着镜子，或者在迈步、奔跑和登山时，一再体验到世界成了自己的敌人，体验到承载着他和自己的身体变成一具躯壳（corpus），成为他和它自己的重负，这时候他们就会问："我应该这样吗？"而在被经历的一个更深的、尚未被言说的层面，对自我的探寻和渴望占了主导。一种更本己的实事的进程在那里进行着。变老之人的身体向他禁止了世界，充满恶意地逼迫着他，去与它、与这身体打交道，最终变成躯干，变成别的什么都不是的东西，变老的人必将不可避免地察觉到这"必朽的躯壳"是外在的东西，这躯壳遮盖着他，又从内里将他脱净，而不断迫近的死亡则是一场谋杀。

在变老的过程中自我解体的第一阶段发生于精神的自我——在这里我们不想谈论先验自我，说的只是由积累的时间构成的、由记忆保存了同一性的自我——即意识自我仿佛想要脱去这躯壳，就为了再次成为自己，或者说，就如它是通过记忆构建了自身。它反抗着依从感觉的错误自我，这自然不仅是外在躯壳，而且由内在的躯壳元素——比如疼痛的胃部或者发慌急跳的心脏——构成的躯壳要将它弄成这个自我。然后A也许说："就等这副该死的朽躯让人安静了！"——他相信那样就能卸掉内在的负担和外部、每个人都可以看见的衰朽。实际上确实如此，变老的过程是一个物质化和实体化的过程。运转得越来越糟的新陈代谢系统让整个有机体慢慢变成残渣，这个过程既是从外部可知的，也是从主观可察觉的。也许可以在充满敬意地保持一定距离后用物理学的概念说，变老时身体会越来越多地变成**质量**，**能量**则越来越少。变老的病患一定在自身内察觉到这种质量，这种质量就是敌意的，反抗由时间保存并在时间中构建起来的**新自我**，它是陌生的，并且从准确的词义上来说，是令人讨厌的。

然而，这个将我们由内而发搅入自身的对手不可能一直保持原样。当旧的自我继续作为时间的累积，也就是持续不断地愈益融入时间中去时（既然世界和空间抽离了），就会与新的、在造成负担的身体里物质化的新自我达成一种不太可靠的君子协定（gentlemen's agreement）。最终会产生"自我—时间—记忆"和"自我—身体—当下”的极为可疑的共生。变老的人身上呈现出一种巨大的、从未排除自我厌恶反而更强调自我厌恶的与新自我之间的温存：A 触摸着一处疼痛的地方，焦虑地瞅着腿上变得粗糙松弛的皮肤。他含混地、几乎无法用语言表达出来，如今在深刻的双义和矛盾中感知到的，大概是：这可怜的胃啊，你忠诚地服侍我，消化掉我吃的东西，以至于我感觉不到你，甚至完全不拥有你，你操心的是我身体里的汁液不要干涸；这可怜的腿啊，你担负着我穿越街道、山峰、铺路石和油门踏板组成的世界！现在你们被时间和工作耗去了元气，难以为继，你们都累了，就像不再允许我爬楼梯时一次跨两级的心脏，它也累了。

辛苦的腿，不听使唤的心脏，造反的胃，你们这些敌人让我疼痛，这既想抚摩、保护、怜悯你们，又想把你们从我身体里扯出来，把你们更换掉的我。我是我的腿、我的心脏、我的胃，是我所有活着的却仅仅迟缓地更新自己的细胞，却又同时不是它们，我越接近它们并因此越变成自己，我就越对自己变得陌生，这些想法让我眩晕。

可以用含混的、在科学研究者面前不过关的隐喻语言——为了让我们的思考进行下去无论好坏我们选择了这些语言——来说：我是正在变老的我，**通过**我的身体又**反对**我的身体；在我年轻时，我就是我，**无须**我的身体却又**随着**我的身体。当我刚刚跨过年老的阶段，融入老年人的大军，我将只是身体，其他什么都不是，作为继续消耗能量、增加实质的身体，直到我不再是我，而是任何别的东西，也就是到了即便是基质也将分解为它的元素的时候。变老是——允许我使用一次时髦语汇——辩证式转折的环节[1]：我那为反抗毁灭而运动着的身体的纯量成为变了形的自我的新纯质。

人究竟是什么？剧烈疼痛的住所。夜里因为牙痛醒来的 A 想到了这个答案。病情好像发展成了骨膜炎，因为削平了牙龈肉渠，导致细菌侵入了下颌骨。侵扰我的牙痛如此剧烈，很可能必须得把支撑齿桥的牙拔掉。一个牙科手术将会就此毁掉，只要我不想瘪着嘴咀嚼，带着一副早衰的容貌在世上行走——A 的职业也不允许他那样，尽管也许是最舒适的——接下来就是换牙：那终

1　辩证式转折的环节（Der Moment des dialektischen Umschlags），本雅明使用的术语，阿多诺继承了这一概念。

归已经强烈物质化了的身体的极端的物质化。如我从数不胜数或多或少可笑的笑话中所知的，假牙不可悲，只是可笑。“年轻时你经常咬我。”夜里燃烧起爱欲的女人对丈夫说，丈夫却喃喃自语着辛苦一天的工作，处于床笫之欢的窘境中。当她继续诱惑他，并要求他再次变成诱惑者时，他顺从地答应说：“好了，好了，把我的牙给我。”——这个可笑的笑话就是如此。A不赞同那些编笑话的人，因为他发现，换假牙就像荒野上的李尔王一样悲惨，不能嚼肉的人会在猥琐的哀叹中沉沦。生命明显不只是A此刻感受到的颌骨上剧烈疼痛的居所——如此疼痛，以至于他几乎不知道那钻心的疼痛在什么地方，并急切地要求换个地方：就在牙疼的地方旁边——也是嘲讽的绞刑架。就像贫困是耻辱，就像大多数游客觉得衣衫褴褛的农民让人恶心一样，衰朽也明显是可耻的：世界，这里是指社会的复合体，没有原谅在我们内里的物质化进程就在它眼前发生，留给我们的只有好的医疗看护和恶意的笑话，二者都源于社会的愿望：人们不想再让世界受负担了。A从床上起来时，他想到，为了够着一杯水，拿一片止疼药，他可以试着放弃世界、峰峦、山谷和街道、邻居还有编笑话的人，更深入地参与到我的身体衰朽组织加给我的疼痛中去。去做事，就当没这回事：夜里因为钻心的牙疼而醒来，指望换个假牙，这不起作用。想要对自己的疼痛不闻不问，靠着男性的坚强或者女性的忍耐摆摆手——没这么糟，没这么重要！——把疼痛抛诸一边的勇敢者，他们肯定有这个社会赋予他们的荣誉，这荣誉不想被衰落的戏剧纠缠。但他们既然否认自己的疼痛，不承认那是自己的东西，他们就完成不了自我发现。

我们在疼痛中，尤其在每一天都愈加频繁地加给我们负累的衰老中才如此正确地发现了身体，因为它如其所是地承受着，不再能迈向和融入世界与空间。身体就像变老的人在自身中分层的时间一样，是真实的自我。

当A此刻吞下止疼药，由此处于一种折磨和希望缓解之间的游移状态，这时候对于摆脱疼痛的良好信念才向他整体地打开反思的可能性，所以他决定利用这悬停的每一分钟，与牙疼**打交道**。他这样对自己说：这是**我的**牙疼，摆脱它、避开它或者透过门缝把它塞给健康的邻居的愿望就在那儿，而痛苦在颌骨里，明天我将像其他人一样把它托付给牙医，他可能会帮我解脱，就靠他用钳子把什么东西从我这里扯走，用一个陌生材料构成的广延（res extensa）作为替代给我附加上，这是对我的自我的升级后的感受，是在对肉体的自我否定中对我的肉体的实现：它是自我—增生，即便同时也是自我—丧失，也就是被强迫献出一种习惯的、极为抽象的自我，那种自我没有疼痛地入睡，明天又会属于世界，又变成世界。

疼痛与疾病是身体衰朽的欢庆，身体为自己也为我举办了它们，就为了让我完全进入它，并在一个感染的过程中获得自我的增长，这个过程虽然在身体功能的发挥中贬低了我，却在只属于我的直接物中提升了我。

止疼药起了作用，疼痛减轻了。A 深呼吸了一下，摆脱了有问题的痛感兴奋，这种感觉原本只有在他已经咽下药片，并随之饮下从疼痛中解脱的希望的时刻才抓得住。他退回正常人的反应领域。就像每个摆脱了某种折磨的人一样，他解放了。身体有疼痛，太糟了，摆脱了它太好了。A 不惋惜那由牙疼传给他的自我赢获。在解除负担的时刻出现的，是曾因为生理恶化出现过的自我陌异的感觉，其症状就是牙痛。我变成什么了？他想着，因为已经合上的眼睑变得沉重，他感觉到睡意临近，一个坏了牙齿的人，一具有机体，已经不再能抵抗微生物的入侵和它们的传播。一个正在老去的人。明天，牙医，钳子，通过假牙我的身体将极端物质化，为了这些我必须花很多钱。在那里入睡的还是我吗？摆脱了疼痛，却又被交付给另外的、更坏的、肯定会继续侵扰我的东西？那还是我吗？把我的牙给我，那样在结束前就会结束。多么可耻的衰败啊！睡觉很好，死亡更好，说这些没有任何意义，最好的是，从未出生。这是一个空洞的公式，逻辑推演就这样结束。

让这个被牙痛折磨的人入睡吧，他在睡眠的门槛上已然变得犹疑、自我放弃的思考不能继续帮助我们了。在我们想象出的人物的夜间体验之外，无论如何都要坚持的是：变老的人在辛劳和艰苦中体验到的自我赢获和自我陌异之间无言的对话中，处于前景的是自我陌异，因为由身体上疼痛的实体化引起的自我—增生只有在个别时刻才会被如此体验，即便它可以由特定的症状读取出来，要么是随便哪个A忧心忡忡地触摸自己的痛处，要么是他养成了这一令人不悦的习惯：向他人巨细靡遗地讲述自己的病痛，要么是波澜不惊地屈从于他的不快，变成这不快。而大多数时候只有面对新出现的自我的陌生感实现了思想上的更新。

然后，在搜寻描述陌生感的语言构成时，变老的人会想，广延赢得了对于他的权力，想要强加到思维（res cogitans）之上[1]，遭到思维反抗。用别的话说，他的意思也许是，“精神自我”作为他真实的自我反抗通过物理发生的权力更替，也应该如此反抗，并且带着挑衅且骄傲地说：“我不会让我的哮喘禁止我的生命。”然后他——但“他”究竟谁？——抵抗着哮喘，驱逐广延，不接受他的身体。要探究的可能只是——我承认，在类似的思考中我只能不确切地向前摸索，不可轻信自己能做出这样的研究——关于广延和思维的笛卡儿研究是否符合在最深层次被经历的现实，或者毋宁说，二者是不可分割的一体，正是在主观的承受（souffrance vécue）中成功地抵制着每一种分离它们的尝试。要索解的也许是，高傲地反抗一个非自我的自我，打了引号的“真实的”自我，将衰朽的身体当作非自我衡量，并因此喜欢说“该死的胃”“痛苦不堪的腿”的思维的自我，是否确实刚好比

1　广延（res extensa）和思维（res cogitans）是笛卡儿的重要术语。笛卡儿持心物二元论，认为所有实体分为存在于空间中具有延展的和在心灵中可以思维的两种。

这个胃、比这条腿存在得**更多**。必须弄清楚，那些痛苦狂欢的片刻，在那些时刻A整个人都将牙疼当作**他自己的**而投身进去，并最终献身于感染的过程中，这些时刻是否是真相显露的真正时刻。

这里说的明显既与疾病和健康概念的日常经验不符，也与它们的整个情感基础结构相矛盾，因为这种思索必然推向这样一个结论：人在追求生病的状态。不过理所当然的是，实情并非如此。我们想要健康，不想生病，想保持年轻，不想老去，通常会对靠疼痛达到的自我赢获的机会发出嘘声。不过在此倚借对于日常经验理所当然的思想和感受的规范对我们帮助不大，因为规范是一个社会—操作性概念，而我们着手的刚好是那也许病态，却不可避免地与我们关联的尝试，即接近一种被体验的主观的实际性。我知道，半夜因为牙疼醒来的A，面对钳子、拔牙以至彻底从材质上把牙换掉的威胁，想要摆脱这迫在眉睫的敌对（那样他就不用服下那些缓解疼痛的药物），知道他害怕牙科手术，更害怕看起来像超现实主义雕塑的假牙。我们知道，A在这个时刻变得对自己陌生了。但我们同样确定的是，他在牙痛中以一种新的方式变成了他自己。尽管年轻人肯定也会被牙疼搅扰，但在这儿我们将它当作变老加诸我们的负担的例证。这小小的、无害的折磨，帮助A得到了他的新自我，或者说“一个”新自我。自己的身体应该属于世界，社会和对自我保存的要求都如此希望，疼痛却让他的身体变成了如今越来越难以与他人分享的财产。疼痛让一小块世界渐渐脱离了他，换句话说，疼痛在不断的增长中将世界作为对他的否定交给他去理解。在这种情况下社会只会变得更糟，这样的社会不知道如何对待一个没法在牙疼时填报税单的小伙子，无论他是丧失了世界，还是获得了自我。

谁还最后有话要说？是带给变老的人一种新的自我信任的身体？还是授予每个人一个不得不保持健康，或者说，不得不保持功能正常，作为思维与在广延中出现的躯体之我（Leibes-Ich）相对立的自我的社会？这个问题难以回答，但无论如何我们必须尽力明确，关于这一真相显露的时刻我们说了些什么？在这个时刻，疼痛向我们揭示了躯体之我即真实自我。变老的人在自身之内承载着精神自我，它在记忆中是被体验的时间，虽然通过旁人对我们此在的反应构建了自己，却最终证明自己始终是更强的，以至于我们绕了一段路后还是回到了表面日常经验的结论，回到了上文已说明其限制的规范概念。

因为我们避不开他人的目光和判断。

还是年轻女士时，A 在信里常用“我亲爱的”开头，而既然此刻被爱之人已不再是爱她之人，这个称呼在这个世界上便没有了社会的、人际交流的合法性，变得苍白。不管她的身体和精神状况如何，A 本质上是一个被遗弃的女人，这遗弃是她自我的一部分，以后会在记忆中再次被打开，就像更早之前那些灿烂的日子，那时候她用“我亲爱的”开头的信因为男朋友同样以“我亲爱的”开头的回信而获得正当性，被赋予权利。既然无论好坏人们都必须将自我作为社会坐标加以接受，老病之人的自我陌异最终不仅会比因为疼痛和身体的物质化得到的自我赢获更持久，而且更确定，如果愿意的话，也可以说更实际，因为实际之物就是被引起的和引起的。

被别人引起的多过自己身体引起的，因为即便是患病的身体——是的，就是这身体——也曾托付给别人。想要在别人那里引起些什么，没有旁人就不可能产生任何效果。我们说过——这是真的，没什么好收回——A 对黄斑的厌恶是从外部加给她的，也就是说来自这样的经验：这样的瑕疵在没有瑕疵的人看来显得恶心，而容貌的受损却是**她的**，是A自己所有的，对此她原本并未感到嫌恶。然而世界和生命已然添加的必须被附带上：这不取决于原本如何，即便被社会授予我们的社会自我，也和直接通过身体体验着的自我一样是本己的。既然社会对于一个被从牙疼到思想错乱折磨着的A不知如何应对，当他兴奋地悬浮于痛苦和缓解的希望之间，体验着显露其自我真相的时刻时，社会自我对他也无多裨益。他必须顺从。我们称作现实性的，是社会张力、行动和反应的一个力场。只要我们在，其自我构成的力量就不会放过我们。被授予的自我最终就是纯粹的自我，而如果我们在以社会方式定义着的自我之外发现被身体和仅仅被这副身体赋予的自我时，就必须与一种特殊形式的自我分离。变老时自我陌异和自我亲熟的含混——在此我们时刻不能忘记的是，变老是一种疾病——这一含混不仅在于我们一方面感知到我们的身体是必死的躯壳，另一方面这副躯壳仿佛在我们这儿不断获得新的生长，它也在社会自我与那另一个从患病的身体中构成的自我、与同时是装扮和被装扮的躯体之我的矛盾中显露出来。A不知道带着这副给他带来牙疼，随之而来又会有牙齿脱落的老弱之躯将去往何处。他虽然能够与他的疼痛相处，并获得任何也许可被称为“知识”的东西，但此类事情只可能在夜间发生：不仅仅因为社会要求他用免受疼痛和保持清醒的感官填写报税单，也因为他不能接受被世界拒绝、被排除出世界的没有牙的自我，因为他自己就是“世界”，是社会，用社会的眼睛看着自己。A 感知着自己，正如他相信，社会也感知着他，所以他想要保存从牙齿健康的青年时期一直拖带而来的自我，而摆脱另一个他在夜里曾称之为“真正自我”的自我，不管付出什么代价。

我们把哪一个自我从过去带入老年？十岁时我们坐在教室里，二十岁时我们亲吻姑娘，三十岁时我们嫉妒职场上的同事，四十岁时我们发现，我们还爱着女人。每一次我们都是一个自我。变老时我们要拥抱哪一个？在这一个里明知或者仅仅是想象着，它比任何一个之后和之前的自我都更接近我们？这个人年轻时有浓密的卷发，现在他秃顶，两鬓斑白，富有画意的发型，凌乱却骄傲。一位女士以为自己记得三十岁时她凭着饱满的胸部吸引着男人的世界，五十五岁时她仍偏爱低胸礼服，尽管乳房上的皮肤已经松弛、暗淡。实际上年轻时有一头乱发的男人不是因为自然卷而受赞叹，而是因为他风趣的言谈；穿着低胸装的女士过去也不会将她们的成就归功于挺拔的胸部，而是归功于她们聪明的大脑、灵动的眼睛。真的，随带来的自我是社会的一个创造，关于这一点也没有什么要收回的。只不过在记忆中我们将社会自我改变形态，赋予新意。被我们视为本己并拿来与老朽相对的自我，与它相比，我们觉得，那个长了黄斑的或牙齿松动的全新自我必须作为一个陌生的、敌对的自我来加以观察和感知，但这个自我在现实中有时候完全不堪一击。我们自身的这幅陌生图画是一个模糊的统计上的现实：五百多人反感我们，只有五十人愿意忍受我们，也就是说我们在一个只能放进引号的“现实”中并不让人同情。糟糕的是，我们并不知道这个统计，我们的社会自我不仅仅被他人建构，而且很大程度上也许仅仅通过单纯的推测产生。我们每天都如此体验着、向其屈服的社会自我的现实，终究和A夜间的牙疼之我一样可疑。有时候它与我们不知道的统计近乎一致，但是从来都不可靠。在变老时我们变得对自己陌生了：由一而二，不明所以，因为当A在镜子前摇着头说“这不再是我了”时，他对这话里的主语和谓语一样所知不多。

如此思索的结果是，既然在承受变老的过程中自我以多样的方式自我分离，分离到我所拥有的身体中，分离到以疼痛的方式拥有我的“他者”中，分离到我自身的思维与广延中，分离到从旁人的反应中可疑地推测出来，并作为被体验的时间保存的自我中，分离到每一天都变化的变老的我中——那样一种对我们最亲密之物的探察的荒谬结论就会是，并不存在一个被经历的自我、一个真实的同一性。可以将这视为单纯和无价值的思维游戏，因为自我离散（Ich-Dissoziation）每时每刻都被一种自我聚合（Ich-Assoziation）所扬弃。对自我之现实的追问是一个伪问题，就像恩斯特·马赫[1]认为“自我是感知的聚合”是一个伪命题一样，因为正是聚合这一过程本身将聚合中的个别元素作为个别的扬弃了。无论是在镜子前摇头怀疑自己，在夜里只相信疼痛拥有构造自我的能力，还是认识到，我们自身所附带的图像是社会强加给我们，我们说出“我”时都有各种各样的理由、各种各样的意义，却不曾知道，是否这一点也是我们推测的一个幻觉。最终确凿的却是：我们的皮肤表皮确定了

---

1　恩斯特·马赫（Ernst Mach，1838—1916），奥地利物理学家。

我们的界限。在界限这一侧发生的，是我们，在另一侧发生的，是别人。不接受内部与外部的对立，将空间加诸我们也将我们加诸空间以至于我既是我自己也是我的空间世界的现象学感知方式，它击中了被经历的核心，却又与其擦肩而过。真的，在直接被经历的层次我们同时是“我们”和“世界”。同样真实的是，在这同一个层次，我们也一直进行着区分。在主观世界和对其从思想上加以重构的尝试中，逻辑定律不再有效，这是个困境。歧义变成了背反。

然而，当我们沉思自身的处境时，必须将逻辑的背反，将每一种思想困惑的荒谬和风险背负起来。变老让我们置身于这样的沉思，并使我们有能力如此沉思。以逻辑为其摹本的世界与此相分离。

当我们越过顶点，一切开始往下走时，越来越陡峭，越来越迅速，对于征服世界有效，并曾因此必须合逻辑地从自身抽取出一个世界摹本的思考不再完全是我们的事情。原初的矛盾、死亡等候着我们，逼迫我们造出逻辑上不正确的句子，比如“当我不在了的时候”。死亡已然在我们自身中，为双义和矛盾提供空间。我们变成了自我和非我。我们拥有包裹在皮肤之中的自我，同时可以体验到，这个界限一直在流动，而又始终存在。我们对自己变得更陌生也更熟悉。没有什么更加理所当然。明显的事情不再可信。自我陌异变成了对存在的陌异（Seinsentfremdung），无论我们多么忠实地追随岁月的脚步，填写我们的报税单，拜访我们的牙医。我们说过，变老时世界变成了对我们的否定吗？我们同样可以有理由说，我们即将成为对自身的否定。晨昏时刻（Dämmerung）[1] 日夜相继。

---

1　动词“dämmern”既指破晓，又指黄昏。

## 他人的目光

向已近暮年的读者们推荐一本小说，让－路易·居尔蒂斯[1]的《天命之年》(*La Quarantaine*)。这不是一部巨著，而是一本富有沉思且优美的小书，讲述了两对处于生命顶峰的夫妻的命运。标题中的“Quarantaine”一词语义双关，机智而风趣，一是指介于四十岁与五十岁之间的年龄，二是指对不再年轻的人采取的强制医疗分离——隔离(Quarantäne)。

1　让－路易·居尔蒂斯(Jean-Louis Curtis，1917—1995)，法国战后著名作家，1947 年龚古尔文学奖得主，代表作《夜晚的森林》(*Les Forêts de la nuit*)。《天命之年》(*La Quarantaine*)是他出版于 1966 年的小说。

地方公证人安德烈出身于比利牛斯山区的望族，家产丰厚，很有修养，他在五十岁的时候第一次在没有家人陪同的情况下来到了巴黎。站在五十岁门槛上的男人，下榻在丽兹酒店[1]，开始了对普鲁斯特的一次小小的、感伤的而又花费不菲的致敬。第一晚，他光顾了位于香榭丽舍大街的“丽都”夜总会[2]。告别了美丽的姑娘、曼妙的爵士之后，他一个人待在酒店的房间里，俯瞰旺多姆广场。他告别巴黎后，那里变成了停车场。

他想把第二晚贡献给剧院，那里正上演布莱希特学派一出充满争议的剧目。演出中场，昨天尚无定型、他也不愿承认的无聊感更加明显了。第二幕之后他厌烦地离开了剧院。恶心、让人窒息的废气让四处游荡变得不可能了，而他几周来都满怀欢喜地期待着这一刻。他想找家咖啡馆坐下来，结果却毫无指望，无论是花神咖啡

---

1　丽兹酒店是由瑞士人恺撒·丽兹（César Ritz）创建于 1898 年的一家豪华酒店，位于巴黎市中心，许多名人曾在此下榻，包括海明威、普鲁斯特等文豪。

2　丽都夜总会（Lido）成立于 1946 年，本来坐落于香榭丽舍大街 78 号一家叫作“丽都拱廊”的商场内，1977 年迁到 116 号，仍是在香榭丽舍大街上。丽都夜总会以其歌舞秀扬名世界。

馆还是双叟咖啡馆都寻不到一个座位。[1]只要他不是如此强烈地感受到他是不可见的，这些就尚可接受。没有人注意他。仿佛在这座城市里，过了五十岁的人就不再存在，他这样想着。次日早晨他郁闷地离开了。数周之后心肌梗死发作。

人们可以说，A 的情况非常个人化，对他的大多数同辈来说不适用，要从完全个体的、偶然的阴郁情感中，也许也从之前觉察到的生理不适中去解释他的不可见和无法显现的感觉。不过反过来说，人们也可以反驳，他在巴黎的不愉快和他人格的偶然成分关系不大，反而要注意的是时代的社会和经济结构，在这个结构中被进行生产和物质扩张的要求所胁迫和鞭笞的人们认识到，只有青年才适宜工作和快乐，因此一种普遍的气氛占据了主导，这种氛围可以通俗地被称作青年崇拜。这个论证很有分量。它道出了可以从简单的出版物比如报纸的招聘广告中读出的社会事实：寻找主编、主任、带队工程师以及任何可以用 20 世纪后半叶的术语“经理”称呼的

1 花神咖啡馆（De Flore）和双叟咖啡馆（Les Deux Magots）都是巴黎文人云集的场所。

职业，统统不能超过四十岁。不过并非任何情况下这都与正在变老的人和老人们的职业命运相关——这些人的数目在日复一日越来越不知道如何应对他们的世界里渐渐增长。要考虑的是一般的**社会年龄**问题，一个由他人的目光加诸我们的问题，此外，是我们作为没有他人无法生活但不与他人一道，不反对他们也无法生活的个别之人的命运，人的荒谬且矛盾的基本处境，而人是这样的存在者：唯有他想主宰他的财产——世界——并且知道，世界和财产只有在他人争夺他的位置和所有物的地方才存在。即便是这一矛盾，就和大多数让我们的此在扭曲的东西一样，只有变老的人才能完全意识到。

社会年龄是指什么？在每一个人的生命中都有一个时点，用数学上精确的表达方式来说，在这个点的前后，他发现他只是他自己。他认识到，世界突然不再允许他透支未来，世界不愿再被牵扯进来，不愿再将他看作一个他**可能**是的人。他自己仍旧相信为他保存的可能性，社会却不再将这些可能性融入它为他塑造的图像中去。他发现自己成了没有潜能的造物，不是出于自己的判断，而是他人目光的镜像，他人的目光很快会被他自己消化。没有人会再问他“你打算做什么？”，一切都定好了，清醒且不可动摇："这个你已经做过了。"他必然体验到，旁人做了张他人生的资产负债表，呈给他一个结余，他就是那个结余。他是邮局职员，如果勤奋并且走运，还可以成为部门领导。他是个画家，要么更失败，要么更成功：如果成功在生命和阴暗事件的加总中累积，那么成功会对他继续保持忠诚，即便艺术品市场上存在动荡，即便今天他的画作报价不像昨天那么高；但成功（Erfolg），也就是随之发生的（erfolgt）事情，即他的艺术效应失效了，那么失败作为对其艺术生存的否定就成了他的标识。无论A是谁，如果他还不是，那么他就既不会变成勇猛的猎人、政治家、演员，也不会变成惯犯或任何其他职业的从业者。他称之为"生活"的东西，抱负与放弃的总和，确定了他昨天也一样视为自己生命的东西，就是生命留给他的年数。这些年月他如今可以当作被挥霍的时间的千篇一律和单调的重复而不再顾忌。

真的啊，死亡才确定终点，生命的结束才给予开始和一切阶段以真理。理论上，游戏在终局以前，一次也没有玩耍过。断裂、启动、转折、爆发，以至于最终一个体验了惊呆和僵滞的阶段可以将自己揭示为单纯的过渡。高更，一位银行雇员拒绝了社会展示给他的自我的结余：他在多米尼克的死亡道出了银行雇员生存的真相，并使之消亡。可以传唤多少高更来作证？未来，在一个通过互动和互相依存社会化的世界里，出格者会越来越少。自我的结余，社会编制的资产负债表的结算额被接受、被消化，最终被迫切要求。人是他通过社会表达出来的东西。变老的人表达过的东西已经被清点、被称量、被判决。即便他赢了，或者说，即便完全构成和耗费了他的意识的社会存在被标上高昂的市场价值，他也失去了它。断裂与转折不再处于他的视野之中，他将死去，就如他活过，一个战士，而且是勇敢的战士。

人们肯定会问："社会的判决在哪里？有哪些机会去拒绝它？"在我们积极生活时一个悄悄地不断强化的共识对我们做出的判决毕竟不是先行给定的。当我们步入老年，我们的社会存在就是我们存在的全部，它在交替的轮回中标识出来。我们谈论，社会回答。我们的所作所为是一场社会现实剧目的第一幕。反映第一幕并由此赋予其维度的第二幕是反驳和反对。我们以为，作为一个诗人去言说是可能的——就这么假定——并通过我们诗意的词语挑战社会。我们是否因为产生了影响

（wirkend）而确实（wirklich）是个诗人，将取决于社会是否接受我们的挑战。

只要我们年轻，这个多重词义上的游戏——世界—戏剧，搭了台就会演到终场，纯粹的游戏，有巨大投入的幸运游戏——就既不会赢也不会输。我们今天敲响一个麻木的男子的家门，明天也会有人打开我们的家门，我们可以如此相信并如此希望，因为社会的信任和希望与我们同在，没有邻居愿意像个麻木的傻子一样待在那儿。只有当我们老去，并积攒了大量答案，只有当社会已经编制了一份分配给我们的反驳清单时，社会才会对要给出的新回复感到确定，并自动按照清单总目来估算这个回复。不开门的人，不再冒险去做个麻木的男人，他在我们敲门时感知到了曾经的声音，那些声音踏实可靠。这轮替的谈话现在僵化为千篇一律的喋喋不休，只有当我们结束时它才会结束。我们提出永远相同的问题，因为我们得到永远相同的答案；我们得到永远相同的答案，因为问题一直未变。

社会的宣判是依靠不透明的、数量庞大的势力而做出的一个裁决，是否没有摆脱它的可能，在变老和老年时这个裁决将自身强化到无以穿透的程度，是否不存在就算在此时也要避开它的可能——知道这些或许很好。“你是谁？”精神病医生问病人。“塔列朗（Talleyrand）。”塔列朗在包裹着他身体的愚人囚服里颤抖，穿着拖鞋，咂巴着嘴，从木碗里舀出一勺汤。他一直是塔列朗：社会的判决与他无关。或者在蒙帕纳斯区穹顶咖啡厅[1]的大画家A。在他的作品不再展出的十年后，他的名字在任何参考书中都失了踪影，画廊甚至不愿意把他的画挂在侧室。“你是谁？”“我是一个大艺术家，只是你们必须理解，市场、企业、时尚，一切都反对我。”让整个场景暗下来，这样可以拒绝社会的裁决，这应该是说，通过否认对于这副模样的塔列朗不再有效的现实原则来加以拒绝。但只黑掉一个舞台区域，也可以加以拒绝，就像画家A在他狭小的职业世界里所做的。两个人，疯人院的塔列朗和画家A，无论如何都没有社会年龄。他们不知疲倦地敲着门，向不给他们开门的人吹口哨。他们的谈话空洞无物，放弃了反驳。社会对他们说：“如果你们成了你们口中的自己，大画家和塔列朗，我们必须

---

1　穹顶咖啡厅（Le Dôme Café），巴黎一家著名咖啡馆，1898年开业，从20世纪初开始成为巴黎知识分子们经常聚会的场所之一。

知道。”他们没有听见，判决没入他们的耳。

疯子的数量很少。即便是半个或者四分之一的愚人也没那么多。大多数人是“正常的”,和我们的情况一样：在某个特定的年纪他们接受了社会的判决。当他们年轻时，他们用或多或少的勇气尝试着（这事关个人禀赋），一再迈向可能的事物，而可能之事之所以可能，正是因为社会尚且如此承认。而在变老时他们的现实就是他们的年纪，社会年龄，这就和在记忆中储存的时间层里的年龄，或者和另一种生理年龄一样与他们相关，这种生理年龄因为受损的身体所承受的艰苦与辛劳被他们体验为世界的丧失。总而言之，这一社会年龄从来都无以确定，它取决于时代、社会结构、一个人纠葛其中的特别的关系网。

肯尼迪四十三岁时成为美国总统，人们感觉他还年轻；一位四十三岁的高校教师助理却不年轻。或者相反：四十岁时获得议员荣誉的托马斯·布登勃洛克议员正是借助他的荣誉和他父辈的影响而成了一个非常成熟、德高望重的男子。他邋遢的兄弟克里斯蒂安带着腿上不知何处的疼痛和对香槟早餐的偏爱，就算临终躺在病床上时也还是个少年。[1]社会年龄由一连串因果的缠绕确定，太过复杂，在此无法解开。我们曾经的社会抱负也构成了大量线索中的一条。比如从社会的角度看，一个四十五岁的下级官员是一个老人——当且仅当他曾经追求过一个更高的职位时。但只要他从未努力追求社会等级的攀升，既未对他的家人，也未对他的朋友，也没有对他的上级说过自己对于晋升的希望，他的社会年龄就不确定也不可确定。在他的下级职位上他是三十岁还是四十岁都与社会无关。他无历史地活在他的部门里，一个没人记载的男人——只有记忆的重量或者成了负担的身体有一天会让他意识到，他老了。当他还很年轻时，在对他那小小野心的认可中社会就已经对他做出了判决。从社会的角度看不出年龄或者未老先衰，现在都无所谓了，他会被一直推到终点。

只要在我们的时代有超越所有结构、民族和个体差异的社会年龄标准，只要我们能确定那一时间段的范围，

1　托马斯·布登勃洛克（Thomas Buddenbrook）和克里斯蒂安·布登勃洛克（Christian Buddenbrook）是托马斯·曼小说《布登勃洛克家族》中的主要人物。

在这个范围内社会判决获得完全的有效性，世界不再允许我们向自己所估量的可能之物自我超越，我们就在**所有物**的领域找到指向，我们大多数时候表现出的市场价值也属于这个领域。因为我们的故乡不是存在（Sein）的世界，而是拥有（Haben）的世界，准确地说，一种通过拥有才被给予的存在的世界。一个人是什么，一个人想象什么，通过他所拥有的被确定。普遍的秩序希望这样，人们被要求，他要拥有可以被标价的财产或者表明以及担保财产的市场价值——一旦他拥有，他就进入社会年龄阶段。倘若他没有，他也许就省略了社会年龄，然而之后他必然体验到，无论是社会的实质还是人的生存都不再授予他了。生之愚蠢，没有学到任何东西；生之贫穷，一无所获。他既无地位亦无恒产，是想象中的塔列朗或者曼萨德恩格尼。以拥有为基础的社会使自主的个体中性化，个体在拥有的要求压力下不再能用自我意愿、朝向未来的人格与他人的目光相对。

人们想要照着拥有的路标找到方向——然而要确定显年纪的时点则颇有难度，因为拥有的事实或者对拥有的要求是在完全不同的人生阶段与我们相关。这个人拥有的命运很早就已开始，在摇篮里，当他作为继承人生下来，在意识到自我之前很久，父亲的工厂或者律师事务所就期待着他。对于另一个人而言这个过程在高年级学校才开始，那时他的数学天赋促使他走上物理学家或者工程师的人生轨道，这些职业拥有确定的市场价值，在第三个人那里开始于大学或者职业培训的第一年。但每种情况下一样的是，构建起意识结构的存在由拥有规定，而拥有对于人而言从两个方面看都是灾难：一方面剥夺了他自己的可塑性，剥夺了他每时每刻从零点重新开始、用自己的意志筹划生活，不需要社会甚至反对社会的可能性；另一方面，当拥有抽离或者停止收集时，便判决他——作为对经济资源或者对一种被社会要求、可兑现为市场价值的确定能力，即“know-how”[1]的占有——继续做一个社会的空缺，一个空腔，但已不再拥有零点的可塑性，因为社会已经判定，他不再能支配任何东西。

拥有的世界日复一日越来越容不得筹划未来的局

1 “know-how”与“know-what”相对，源自英文但已被各种西文吸收的习语，前者指如何做的知识，后者指是什么的知识，也分别引申为实践知识和理论知识。

外人。

拥有的整合力量格外强大。个人的财产和市场价值让这个人越来越顺从，仿佛它是戴起来就像首饰一样舒服的锁链。

A是一名四十岁的记者，适量完成些文章。他的技巧，一支如飞的健笔，就像他的客户们称赞的，保证了他写出的产品有确定的交易价值。他活着，既不奢华也不安稳，但也不困窘，不害怕黑色的苦难。他写出并贩卖他的文章，住的地方几乎不引人注目，有一辆车，假期会出去旅游，有时候睡前会被回忆打扰：他坐在一间阁楼里，是一个零。他不相信他写出的东西每次都能找到买家，所以他勾画出他想要什么，想要怎么样。在生命中获得他的，是宽广的视域：既然他什么都不是，他便是一切。他的潜力是整个世界，整个空间。他在潜能的领域里是世界革命者和城市流浪者，皮条客和哲学家。他年轻。他的年龄和身体都年轻，他在眼前拥有空间时，就是这样，因为尚没有太多时间在他心里累积。在他的社会存在中他也年轻，比刚刚目睹第一个死亡的病人的同龄医学博士年轻，也比把自己的第一份批评收藏进相册的演员年轻。现在他不再是那样的了。现在他在他拥有些什么的地方，尽管拥有得如此之少。在社会第一次让他理解到，它只会在疯人院里忍受永远的年轻人之后，就分配给他一个社会年龄。他拥有了社会年龄，有时候深深诧异于自己对此的认同。是纳税人和公民，他的问候在楼梯间得到了邻居的回应！可耻屈服的总次数附带着愚蠢无聊的骄傲暂时充斥着他。他感到羞耻，自己走到这一步，一种被拥有注定的存在偷走了他没有拥有的存在，偷走了他永远变化的存在。然后他问，是否可以设想一种社会秩序，在那种秩序里，可笑的胜利，同时也是悲惨的失利，能够为他保留一个系统，在这个系统里，存在不是拥有，也不是知识的拥有（因为也许知识的拥有不可转化为一个所有的范畴），而是保持为变化的存在：与他人一起的存在与变化，他人的目光不会压制他，反而帮助他一再地成为一个零点，并从零点重新构建自己。A 问自己，找不到任何答案，他知道，这一无所获很可能已经包含在他连续的屈从行为和完全为他所有的东西里。他已经融入事物中，无论这些东西多么微小，因为他拥有它们，便不再能不愿意拥有它们。就和无数其他相同的命运一样，他不得不失去戴起来容易且舒适的锁链，被摧毁的生存的装饰，这生存在以社会的方式构建起来后就摧毁了人性。他老去了。社会负有责任。他在一定程度上也负有责任，就看他如何屈从于社会的法则，而不是变成一个愚人或者一个流血而亡的切·格瓦拉。

格瓦拉、高更、疯人院里的妄想狂和穹顶咖啡厅里他的远房亲戚，他们不受他人目光的干扰，这目光代表了拥有的世界，就像此外也有富豪们，他们的财产如此庞大，以至于财产对于他们不再有意义，也不再能定义他们。阿里·汉[1]从青年走向死亡。温莎公爵将像克里斯蒂安·布登勃洛克——一个未老先衰的青年——一样死去。其他人或早或晚都会到达一个社会年龄，大多数是在那样一个时间点，在那时他们向社会表现出的自己就是一个值得投资的生产者—消费者。无论何时他们都有一份财产要去守护，要去提供一份知识财富，去照顾伴侣或者孩子。在被他们想要增加或者保存——二者都将耗尽人的心力——的拥有所规定后，他们辛苦操劳，终有一天意识到那生命的转折，那时他们的拥有—存在已

1　名为“阿里·汉”（Ali Khan）的历史人物有若干位，无法确定作者指的是哪一位，或者是否是真实的人物。

不可挽回：那时他们在变老。门不会再打开。谁向社会提出一个问题，就得到这个答案：努力做你昨天和前天努力做过的事，做能让你的过去证明你的事——或者什么也不做。招聘:有经验的银行业专家,管理我们的分店，最高年龄四十岁；精通纺织业的商人，懂英语，负责企业重组，不能超过四十五岁；年轻、有活力、有进取心、热爱工作、亲切友好、精力充沛的男士，旅游代理，实验室主任，工程师，编辑，广告策划。人事经理所有的就是他人的目光：他不仅要求一个符合投资逻辑的社会年龄，而且明确的是，要一个特定领域的经验。他不招收四十岁的起步者。同辈 X，从二十三岁到四十岁一直在研究汇率，计算计件工作的工作时间，设计广告草图，或者适量地写写文章。有时候从工作中抬起头来问自己："会永远这样继续下去吗？"于是感到恐惧。会这样继续下去，不是刚好永恒，而是还有一个他的人生那么长的永恒：如此之长，只要他健忘的大脑、沉重的躯体和有效的社会法则允许。

随之而来的是社会称为理所当然的退休，退休对一些人意味着国家养老金，对另一些人则意味着可怜的退休金，而对于两者都意味着从社会的、自我塑造的实际中被驱逐出去，还有这两个非常阴沉的问题：我究竟什么时候活过？我什么时候不再将我的身体当作一个持续更新的程序和持久的矛盾？幸运的是这样的提问时刻很少见。

无论他已经开始领养老金还是激动得手舞足蹈，还是“处于人生中途”，还是在增加或者守护自己的所有，这位同辈已经接受了社会加诸他的判断——他的社会年龄。他碰上了一个不再逾矩，却尚未满意地保持平静的自我，因为被社会的弃绝所包含的生存的死亡就像生理的死亡一样令人无法接受。每个人都对自己说还有很多日子，并且想像个男人一样行动。但在夜晚到来前，夜幕就已降临，而他只能按照社会要求、允许和禁止的发挥些作用。

有些事情遭人谴责，首先是这一件：夜幕降临的比喻是哀婉的陈词滥调，更糟的是，它完全不对头。难道不是这样——社会的顶层和支柱正是上了年纪的人，甚至是年纪很大的人，以至于**占主导地位**的就是五十岁到六十岁的那一代人？总统与总理，影响广泛的大学教师、管理委员会主席，学院成员，在这些职位上的人都正当年纪。另外，与小小的、无名的生存相关的，是社会已为他们准备好了位子，这只是一个社会技术问题；他们会被保证将来有一个“有意义的人生”和值得活到那时候的年纪，至少获得可能，正如生活所自我期待的。

不该张嘴闭嘴都是年龄的戏剧和黄昏的隐喻。对于发号施令的人而言日子总会越变越长，但对于那些只是被拖着、拽着一起跑的人而言也是如此。在我们父辈的房子里有许多房间，有些看起来就像早已备好的养老院。

但一位年轻的物理学家说，在他们的专业里，年长的男人和女人汲汲于官方授予的荣誉和自己获得的声望，而我们，二十五岁到三十五岁的人，则在研究上有所发现。从不气馁、一头白发、知名报刊报道过的商务领队背后站着聪明的年轻人时不时给他提示，事情取决于这些年轻人，对他们更为敏锐的智慧，老年人或多或少会以善意的态度表示屈服。社会的宣判对于看起来有力量的人比对其他人更有效，它让他们继续扮演他们的角色。一家工业企业的名誉主席，早就将实际的操控权交给了一群年轻的合作者，知名的教授，智力上已经被他 30 岁的助理超越，只是热衷于收集各种称号和荣誉博士头衔，他们准确地扮演着给他们规定好的角色，就像大型的国民质询会上随便哪个用耳熟能详、任由操控的呆板词句发号施令的白发官员：二者都是他们过去的俘虏。有些人基本不再发挥作用，陈腐的夜晚事实上已经降临到他们身上，即使秘书还对他们毕恭毕敬。另一些人喜欢抱怨，一首《愤怒的郭尔姆》[1]，像朱庇特一样掷出闪电，他的言行与他之前一直操持的政治角色的语境相连，以至于在他高高昂起的头颅上方已然是一片夜色，即便夜空尚被美丽的星星照亮。

当那些无名小卒的社会年龄、他们的老去被社会强加于他们后，他们还应该希望些什么？邮差依然是邮差，就像戴高乐依然是个历史人物，只不过展示戴高乐的历史伟绩比展示邮差的渺小更容易也更有益。而倘若他从来没有更像个邮差，倘若他甚至被剥夺了将投递一封挂号信看作一份国家要务的可能性，那么他会发现自己满足于在小果园里敲敲打打的岁月。一个“意义充实的此在”。正是。社会想用公共救济或者提供半日零工的工作机会来照料他，虽然这份工作可能随时终止。他不会

1 《愤怒的郭尔姆》（*Gorm Grymme*）是德国现实主义诗人海因里希·西奥多·冯达诺（Heinrich Theodor Fontane，1819—1898）作于 1864 年的一首叙事诗，叙述了丹麦国王郭尔姆在得知他挚爱的儿子的死讯后的愤怒与悲伤。

愚蠢到不知道，人们只是刚好允许他做一个累赘和无用的吃货。他也许会得到照看，这自然比把他甩给他自己和那点微薄的退休金要好。如果这听起来还没有那么狂妄，如果在反动的放肆后这闻起来还没有那么刺鼻，人们会说，他的困苦和在社会上的孤立也是**对他的**不公，这不公塑造了他的一个自我——控诉者与被告，而救济与照料让他在自己面前成了他人，成了一个完全由社会决定的造物，这个造物甚至未能对与他同在而他又反对的世界表示一丝愧疚。

不容置疑的是，以占有为基础的世界从本质上规定了我们的社会年龄。如果人们想要将经由他人的目光变老和成为老人的现象还原成一些市场与效益经济的社会结构的基本问题，则完全不被允许。我们一再遭遇身体——如此境况下的衰朽身体——的事实，这个事实不仅给予变老的主观性质以特有的颜色，而且首要的是，它直接产生了各种社会效用。艾里希·凯茨纳[1]曾在一首并无恶意的诗中说道，当人变老，就不会更美。不可逾

---

1　艾里希·凯茨纳（Erich Kästner，1899—1974），德国诗人和作家，以幽默聪慧的小品诗与童书著名。

越和不可再缩减的琐碎到处有效。人们不会更美、更干练，也不会更聪明，世界——被理解为个人意见、情感和反应的统计上可把握的总和——知道这些，并且让如今没有任何稀有价值，因此不再是画上圣像的可敬老者的变老的人和老人去理解这些。变老的人变得丑陋：丑陋的事物为人们所厌恶。他变得虚弱，在俗语中这等同于一种估价或者贬值的资质。人们说起一出剧情很弱的剧目，也会谈论走势很弱的股票曲线，他们极少给那些衰弱的人诚恳的同情，就像没人同情票房惨淡的剧作和下跌的证券价格。大量以元音“un”[1]开头的形容词被用来形容变老的人和老人们：他做不了（unfähig）重体力活，他不灵巧（ungeschickt），他不适合（untauglich）做这做那，他不听劝告（unbelehrbar），无用（unersprießlich），让人失望（unerwünscht），不健康（ungesund），不年轻（un-jung）。否定性前缀是对源自深层情感原因的否定的表达，如果愿意的话，可以将其视为由社会所执行的对变老之人的否决（Nichtung）与消灭（Ver-Nichtung）。而在这儿被社会所消灭的只是虚无的符号已然转加在额头

---

1 “un”在德语中是否定性前缀。

上的东西，那样一种虚无，其直观的预兆即生理的衰朽。青年人对老人不可否认且在敬畏中翻转的反感使得对老人的尊敬成了一种单纯的习惯。可能那就是对虚无的畏惧，对已然渗入此在的不存在的反抗。

“世界”毁灭了变老的人，使得他就像地方公证人A一样变得在街上不可见，A想在巴黎闲逛却无法继续，因为他被那些忽视了他的人消灭了。他人的目光就像穿过一种透明材料一样穿过了他，这目光让他消失了。他离开了首都，回到了比利牛斯山区小城的家乡，因为他无法忍受总是做个“隐形人”。人往往为了他人而生存——这是他的文学创造者，小说家让-路易·居尔蒂斯关于他错误的旅途冒险想要讲述的。宣判A不可见的世界最终不仅仅由青年人组成——也有足够多变老的人走在林荫道上，就在那里公证人被空洞的目光消灭了。《天命之年》并未讲到这一陌生的现象。变老的人明白了，无论年龄分布金字塔统计图如何构成，社会都接受了年轻人和新生代的毁灭判决，人们向变老的人们表现出的尊敬，无论私人的还是官方的，都改变不了什么。这很好。变老的人从他们的角度看着年轻人，即便没有引来年轻人的回望，他们也拒绝与有相同命运的人团结一致，他们尝试与生存否定的符号保持距离，这些符号可以在同伴的队列中读到。这不是因为他们热爱年轻人，他们只是出于一种荒谬的渴望和不愿坦白的嫉妒将自己归入年轻人的行列。这个判决有关变老的人，有关年轻人和老年人，但始终遵从年轻人和他们恐惧衰老的法则，没有人呼吁反对这个判决。经常向变老的人和老人表现出的尊敬很无力，证明不了任何东西。

即便在欢呼着崇拜伟大老人的地方，即便在很多时候在老人登台时年轻人以长时间的掌声伴随着对年老的好奇的地方，也证明不了任何东西。

让-保罗·萨特的演讲越来越少了，A 听过其中一场。萨特在二十年前是年轻人的上帝，而且直到今天也喜欢以优异的姿态出现在年轻人面前，因为对于他来说，未来一直是人性根本的维度，而他也轻视对逝去时间的追寻，就如轻视浪漫的死欲。“虚假的，便是死亡。”他这样写过，而他不是写给已经被虚假腐蚀了目光、沙哑了声音的人的，而是写给年轻人的，后者尚是自己可指望变成的模样，他们迈向将来之物、迈向世界和空间中的事件，他们必须用这些事件来衡量自我，并为了它们构建自我。萨特在一所伟大的西欧大学的大讲堂里对学生们做了关于罗素法庭（Russell-Tribunal）[1]的演讲。A 去了那里，不是因为演讲的主题，关于这个他已经知道很多，而是为了演讲者本人，多年来他对萨特都抱有很大的敬意，并因此对他产生一种亲近，却几乎没有意识到他的亲近是单方面的。他和萨特一起变老了。七岁这个小小的差距分开了相对年轻的他和他的大师，这七年时间在一定程度上缩减成无足轻重的时间段，就像他们，哲学家和他的学生读者们先后攀上梯子，以至于 A 简直觉得自己与演讲者同岁。他在大约二十年前见过他。那时萨特是个青年，不仅仅对着未来说话，而且也有理由以青年的名义。他站在开端，但同时也处于其名誉的巅峰，他的存在主义是精神史的最后一个词。如今只不过过去

1　罗素法庭，即第一届罗素法庭，是 1966 年英国哲学家罗素、英国作家肯·科茨（Ken Coates）、法国哲学家萨特和其他多名国际和平主义者在罗素和平基金会的资助下发起的针对美国在越南战争中所犯罪行的调查、起诉和审判，又称为越南战争罪行法庭。罗素法庭 1966 年 11 月 13 日在伦敦组建，计划在巴黎开庭，但因戴高乐颁布禁令移至斯德哥尔摩，于 1967 年 5 月 2—10 日第一次开庭，第二次开庭在哥本哈根，但因丹麦政府的禁令转移到另一个丹麦城市罗斯基勒继续。法庭最后对越战时期美军的战争罪行做出了若干审判，但审判结果引起较大争议，尤其是在美国。罗素去世后仍有若干届罗素法庭召开，针对多个国家和地区的战争罪行与侵害人权行为进行了调查和审判，最近的一次是 2009 年在巴勒斯坦进行的针对当地占领区人权状况的调查。

二十多年。1946 年的哲学家，那时尽管他写下了引起很多争议的自传性作品《恶心》，却迸发出强大的生理上的吸引力，一种男性的、强有力的东西——他，我的上帝，变成了一位虚弱疲惫的先生，一个头发花白，有着松弛、暗淡的面部，消瘦的身体，会紧张地发出咕噜声的男人，他老到承载了很多时间，它们成为他的负累，以至于 A 有那么些时刻很难将 1946 年春天的萨特再度辨认出来。

他被某种极为简单、熟悉的东西深深地撼动了，这些东西却始终如新：它和一个人相伴而行。为了表示敬意学生们纷纷起立，A 知道，和每个人一样，大哲学家真的病了，所以他的生理年龄比他计年的年龄要高得多，因此他生理上的衰弱对六十三岁的年纪来说不具有例证的有效性。演讲者说话时，逻辑一如既往的严密，带着辩证式的犀利以及在瞩目点位上牢牢钉住政治事件的表达具有独特力量。当哲学家针对美国的越南战争从哲学上为罗素法庭辩护时，时不时走神地听着演讲的 A 意识到，并非哲学家身体上的老朽将他置入疼痛和屈服的脆弱这一灵魂的境地中去，而是萨特的社会年龄。即便自我划界的哲学家也已经是俘虏——不是他的荣耀和声望的俘虏，如介绍演讲的主持人说的，因为萨特正是从这些东西中逃离了出来——而是在他内里层层累积的时间的俘虏，他在讲的只是他生命角色的文本，他只是他说出来的，并因此被社会所约束，社会编制了他的作品和生活的资产负债表，并强迫他只能是写下某些特定书籍的让－保罗·萨特，只能是那个在1948年建立了一个从未成为一个派别的政党的萨特，只能是那个拒绝了诺贝尔奖、作为论述过罪责问题的哲学家为自己设定了界限的萨特，不能是任何别的人。这个界限从现在起不再可逾越，因为他已经老去，是个还能再活十五年或者五年的男人。

可惜有些沙哑的声音讲述着，呼唤着，分析着，操练着一如既往敏锐的智力，评论着。两千五百人全神贯注地倾听着。显然，长时间的站立对演讲人而言有些困难。他的双手交替着抵住髋骨部位，似乎想帮助他承载自身负担的身体。二十年前浓密的铜色头发，如今变得苍白稀疏，只有寥寥几缕盖住秃顶。A想，即便这也不是本质的，尽管萨特自己站在下面，必须用扶住髋部的双手支撑自己有如重负般的身躯的体重，加重着他疼痛的脆弱。与这位伟大之人身体的衰弱，与认识到萨特也不得不做一个老去的萨特，准确地说，与他只能追忆切·格瓦拉而不再能成为切·格瓦拉相比，更触动他，更让他，A，察觉到自己衰老状况不幸的，是在洞察到一个单纯的事实时：两千五百名聚精会神、充满敬意的年轻人夺走了站在台上的老去之人最后的岁月——通过他们的年轻迈向一个属于且只属于他们的世界。他们将会读别的书而不是萨特的书，不是萨特读过的书。他们会住在一个没有萨特的世界里，一个摆脱了自身限制的反萨特的世界，而已然死去之人的图像、词语和行为将会就此石化，一动不动宛如他的墓碑。在他们内里栽种下的是他们的未来，也就是年轻这一事实，这是说，他们准备好了去把握世界，同时渗入世界。而既然这个没有萨特的未来世界在他们之中，在他们读书、登上讲坛、看电影、去刚果的种种规划中，既然他们承载着反萨特的世界，他们自己就变成了萨特的反物质——此刻他们再一次从阶梯式布置的座椅上起身鼓掌。他们不可能知道，他们向这位抓着他的稿纸，用他瘦小的双脚迈向出口的老去之人表示的敬重（Hochachtung）是种贬低（Ab-Achtung）和恶意的宣判。他们得到自己老去时才会体验到，人们向曾经存在和如今尚在的人事表现出的尊重如何变成了轻视：因为对曾经的人事恭敬的注视不再相信他还能够改变。他们的敬意就和悼词一样阴沉。他们在自己那里已经预见了哲学家的死亡。鼓掌。欢呼，欢呼。然后，走向自己，走向世界！一个善良的、伟大的老人。在他之后会有更伟大更优秀的到来，我们，年轻人，将在那里。——巨大的讲堂人去楼空。

在回家的路上，A 穿过一座冷清的城市，新街道和新建筑让它变得面目全非，以至于他每天花去很多精力才能弄清自己的方位，不会错走上单行道。在这里他一个人。他和让－保罗·萨特在一起，萨特的社会年龄就是他的社会年龄，尽管他比萨特年轻七岁。伟大的同志眼下也许精疲力竭地在酒店房间里休息，和他不同，A 不是著名哲学家。但即便他和过去的自己并无不同，听完演讲拥到街上的年轻人也已从他那里偷去了世界，他们正准备将这个本属于他的世界变成他们的。看着他们很惬意。他们是一个惊吓。人们能够，也必须教训他们。但人们总会在他们面前，在他们的拥抱、他们计划写作的书籍、他们打算建立的党派面前感到羞愧。就是这么简单：社会给我们指定了一个社会年龄。当这个年龄达到一定高度，我们完成了什么，没完成什么就会被编进一个资产负债表，它遵从的是为了自己而拥有未来和变化的青年那不成文的、每天更新的法则，此时社会就让我们消失。我们变老之后会从社会上消失，这是一个简单明了的事实，无论我们的名字是萨特还是X先生，无论有掌声和闪光灯伴随还是默默地穿过街道。我们作为如此这般存在着的，拥有这或者那的——就这样从变化的事物中排挤出去。未来已经终结了。我们的社会自我被给予我们，无论我们在寂寞的时刻处于一种多么想要抚摩虚构出来的“真实”自我的情境中。我们还能选择成为疯人院里的塔列朗或者穹顶咖啡里的大画家吗？并不能。

我们既能接受这个裁决也能否认公开的拒斥，躲进自我欺骗之中，而我们自然从未真正屈服于自我欺骗——大多数人为了他们可笑的、老年时能晒到太阳的幸运会尝试这么做。那么我们就不是被消灭的对象，也不是精神病患者，只是正在变老的人或老人，每一个人都迷失在规范的千篇一律中。怎么样？谢谢，与年龄相符，与环境适应。提问者一个虚伪的微笑和被提问者一个惭愧的微笑。勉强达成默契，谁会拒绝？世界，摸起来很舒服，因为它并不必然造成焦虑，它谈论的是积极的态度。我们就像人们说的那样被要求带着尊严老去，不造反，不抱怨——如此向我们提出的要求有赖于我们自己的虚弱和懒惰，最终会被满足。

积极的态度和有尊严、不抱怨的变老有两方面。人们可以追随变化，这是自我欺骗最热衷的花招，“和年轻人一起保持年轻”。社会通过各种福利设施给予强有力的帮助。生活从四五十岁开始。在加利福尼亚，五十五岁时可以快乐地退休。女性在绝经期之后可以获得性愉悦。人靠衣装，您穿着显年轻，您就是这样。社会将变老之人束缚在不可改变的存在的紧身衣里，或者将他们完全从经济活动中排除出去，以此来消灭他们；它敦促他们消费他们的老年，就像消费他们的青年一样。诱惑是巨大的，因为向社会屈服的人最终在这里或那里抓住了世界的一个小碎块。有的人穿着年轻入时，与年轻人结婚，六十岁时气喘吁吁地跳着舞。其他人迈着疾步追逐时间，尽可能跑到它前面，在尴尬的顺从中为世界空间的胜利兴高采烈，不听话的淘气鬼和据说可以让他充满热情的新小说，尽管就像冯塔纳[1]说的，这需要他安静下来。光彩灿烂地保持年轻的人没有与社会达成共识，

1　特奥多尔·冯塔纳（Theodor Fontane，1819—1898），德国现实主义作家。

虽然如人们所见，这同样依靠社会经济和公共的外表。他们做着各种各样的事情，广告、招贴画、流行的报纸文章，还有严肃的社会学研究安排好的事，尽管这些社会学研究本身是作为科研工具撰写和出版的。如果人们可以服从，似乎就会欣然接受这一切。如果下达了与发令者的专业知识相左的命令，如果服从者违背自己的理智屈服，那也没有什么关系。

面对衰老的“积极态度”也可以有另一种完全不同的姿态。这种姿态虽然不为经济机构所许可，但它通过习俗获得了荣誉：我们说的是变老的人归隐田园。他们不靠气喘吁吁地追逐时间来否认社会对他们的消灭；相反，他们通过从时间中抽身而出以肯定时间的速度。老去很美，很漂亮。我曾经年轻，同时也可以说，我老了，所以我的话有作用。很长时间以来变老的人都想确保自身的优势，他柔声喊着：“哦，世界，让我做我自己吧。”他很满意世界命令他做他过去的自己，也是今日的自己，并为他保存了虚无的平静。它对他不再期待很多，只是让他重复曾经经历的事和在死前说过的话，这让人彻底放松。他说，他收获了。他面窗而坐，阳光照在脸上，仿佛通过一个颠倒的剧场望远镜打量着世界。追逐的、操劳的，在他眼前都非常渺小。买定离手[1]，因为不需要再一起参与，可以作壁上观，出谋划策。他做了自己的事情，现在想要指点别人做些什么。毫无妒忌地看着他们，如何耗费自己的精力。亲爱的时间啊，我已见过如此之多，王座倒塌，国家崛起，哲学主宰了世界，二十年后又黯然失色，时尚来了又走，人出生又死去，必须坚守的是伟大与永恒还有要随身携带的保险柜。在伊甸园里变老的人和老人，以及激动地保持年轻的人对社会的消灭都所知甚少，后者说服自己，他可以弥补碾压过自己的时间，前者直接拒绝时间，就靠永恒这首概念诗与时间抗衡。二者都活在谎言和虚假的信念[2]之中。

但想要尝试作为变老人体验他们的状态真相的人，虽然放弃了欺骗，却无法摆脱那种含混，这种含混最终都作为公开的冲突不可避免地凸显出来。他接受了消灭，知道在这样的接受中只能靠起身反抗时间来保存自己，但他的反抗已被判定为失败——这正是对不可改变之事

1　买定离手，原文为法文“Les jeux sont faits”。

2　虚假的信念，原文为“mauvaise foi”，这个词是萨特的一个概念，字面意思是坏信仰、糟糕的信念。

的肯定，也是接受。他对消灭说不，同时也说是，因为只有在毫无指望的否定中他才能作为**他自己**面对那不可避免之事。他没有在去除自我的规范性的孤独中失去自我，也不在疯人院里寻找栖身之处，他不用青年的面具或者谎言重重的老年伊甸园欺骗自己。社会裁定他是谁，他就是谁。他是什么？是虚无。而在承认这种“无”的同时，他又成了“有”。通过他人的目光他让否定成了自己的事情，并起身对抗。他投身于无法完成的事业。这是他的机会，也许也是他在尊严中真正老去的唯一可能。

## 不再理解世界

到了门槛上的人，年龄上或早或晚，有的坦诚相对，有的自我欺骗，而所有人都显得不太坚强了，他们总有一天会体验到，他们不再理解世界了。社会年龄的这一方面：最宽泛含义上的文化衰老，表现为一个极为漫长，一点也不戏剧化的连续认识进程。最初经常出现的是一种迟钝的反感，这种反感针对变老的人口中的时代的“文化行话”，与此相关，他会抵制如下问题：是否也会使用这样的行话，还是只使用一种早已过时的语言，而不是像他想象的，使用一种纯粹的语言，语言*本身*。然后在他阅读某些杂志和书籍时会伴随着一种轻微的不快，他会产生这样的倾向，以拒斥的态度顺从地耸耸肩后谈论时尚、风雅派头、各种主义和语言上的装腔作势，谈论那些他私下里常常否定的东西，因为人们不愿意带着一种落后的顽固站在一边。这种对新事物和不习惯的事物完全琐碎的抵制对于熟知精神史的人来说是一种再熟悉不过的、反复出现的现象。他想要知道，1874 年巴黎第一次印象主义展上发生了什么，为什么必然会发生这些，为什么人们对莫奈和他的朋友的抵制最终让自己羞愧。

然而今天他不能径直将对文字主义[1]、亚文字主义和超文字主义的不快转化成伪装出来的宽容，这样的宽容本身只是不理解的一种形式。变老的人抵制的对象不仅仅局限于会消耗其智力、转变其感受力的文化现象，也出现在不太重要的事情上，比如时装潮流。

A 就常常这样浏览时尚杂志，尽管她非常清楚，不久她就会在适度让步后让她的衣服按照时尚的要求制作

---

1　文字主义（Lettrisme）是 20 世纪 40 年代中期在巴黎由罗马尼亚裔法国诗人、电影批评家和视觉艺术家 Isidore Isou 与其他一些艺术家发起的一场先锋运动，以达达主义和超现实主义为其先行者，将其从诗歌研究中得出的一套理论运用于各个艺术领域。亚文字主义和超文字主义是作者针对种种流行的主义和各种眼花缭乱的变种做的一种戏仿与嘲讽。

出来，但新时尚对她而言是种特别的不快和荒谬。这一季时装明显傻里傻气的奢华又让她感到不舒服了，她拿出她的一本老相册，与这些年时装设计师要求她接受的那些误人的图册形成鲜明对比，就像她有时候在类似情况下做过的那样，就为了找回心目中真正的漂亮与合身。在第一眼看到这些 20 世纪 30 年代后期的小图画时，某种东西又浮现出来，那是她在拿出这个相册之前已然预见到的，但在预感中她又违背了自己的经验而否认了它：她年轻时代的时尚，**她的**时尚，是由记忆构建起来的自我的一个本质部分；它在她眼前变成了某种完全不可能的东西，或者至少和她在下一时装季必须习惯的时尚一样滑稽。照片上她一个人站在一棵树下。柔软的、向两侧规则打卷的头发，一条几乎长及脚踝的裙子，有着可笑的下凹剪裁、加了肩垫的小夹克，一顶难以描述的宽边软呢帽，眼睛微微上扬，她会摇着头，除了“酷毙了”没有其他词能形容这副模样。这样的人过去是怎样让自己和别人喜欢上的呢？她必然体会到，最平庸陈腐的事情从来不会简单地过去。倘若事情仅仅像人们毫不犹疑地说过和重复过的那样——过时的东西好笑又难堪，因为人们早就熟悉它了，当它被时间超越时，人们就在那里；而当历史的、古老的未知事物可悲地投降时，人们并未亲身经历它——倘若事实也是如此，就不会明白，当被体验过的事件不再仅仅被观看，而且也被**回忆**时，就立刻变得不再可笑。A 合上相册，闭上眼睛，沉浸在过去：小便帽，加了肩垫、镶了穗的夹克，长及脚踝的裙子，此刻被她当作自己的东西一一翻检，她自己也试了试眼睛上扬，便又完全肯定了这种表情的吸引力。那时候垂在两侧的卷发，因为 A 相信能够用双手再次触摸它，现在重新获得了 1938 年的优美。器官的损伤痊愈了。当她看着这些老照片，在窘迫中必须摒弃的对新时尚的反感，此刻重新浮现。她自然会赞赏她裁缝的时尚创新，说它给人带来灵感，但她将违心地穿上那些衣服，仅仅是对社会必然的妥协。她将超越这副合乎时宜的装扮，始终保持做那个时候的姑娘——而且也会在那些质疑她的自我感觉的照片前保护自己：这些照片向她展示了，那个年代的时尚因今天的目光而被打断、腐化和变形；昨日的衣帽间又在**记忆**中获得了它的本真性。一种事件，它无法由大脑活动的客观物理性转化为回忆式观望的主观生存，它的非实际性比图片可把握的现实更加实际。

这还没有说到任何有关变老的人在文化上的陌异化，有关因他们顽固、违背理智而翻涌起来的、对降临在他们身上的新东西的抵触。不过这也许算是一个准备。A的体验是种彻底陈腐的经验，是每个变老的人任何时候都可以重新获得的经验，我们可以从中抽取出些什么，并且根据隐藏其中的基本事实加以推断。A翻阅相册时看到了当年的时尚，却是在当前的符号体系内，尽管抵触，但她仍囿于这个体系，并且在回忆的过程中她将同样的时尚事实联系到曾经的符号体系。既然她从往事中构建了自我，她也就扎根于曾经的符号体系。

要解释变老的人在文化上的疏离，无异于解释在一个未知的符号秩序中——即靠全新的信号——找准道路的困难。就像英国的交通信号还没有完全和欧洲大陆统一时，第一次在英国旅游的司机无法确定怎么走，只能忧心忡忡地慢慢向前，变老的人也同样因时代的文化符号而丧失了方向。当A在本季的时尚中感到错愕时，裸露一半的女性大腿对于她的含义就像她年轻的时候一样：挑衅地袒露自己的性欲以及——又是按照曾经的符号句法——不体面。而在当前的系统中符号被按照另外的方式排列。裸露的大腿不再是性欲的袒露，就其自身而言也不再是挑衅，挑衅也不再被划为不体面的范畴。被称为一个符号的意义的东西，也许不一定是被指称的，而是一个符号与另一个符号的关系，有意义的系统存在于每个符号与其他符号的关系之中。

变老的人尝试以过去——那曾是**他的**时代——为参照来让这个时代的文化现象获得合适的情境，因为过去向他允诺了未来、世界和空间，而他在多大程度上做出尝试就会在多大程度上与这个时代疏离。陌生感于他更像是不安全感，后者在郁闷和无力的拒绝中变得客观、可观察。今天还紧跟当下思想讨论的六十岁人，常常会倾向于将理性主义—非理性主义的冲突、柏格森—班达之争[1]看作根本的问题，知识分子们在这些问题上分道扬镳。如果他后来发现马克思主义者，这些他曾一直并非无理由地视为理性主义武装的战士现在几乎都皈依了海德格尔，时代精神于他而言就必然会显得疏离，甚至是字面意思上的“错乱”（ver-rückt）：他那个时代的数

1　指柏格森和法国哲学家朱利安·班达（Julien Benda，1867—1956）在1912—1914年间展开的非理性主义和理性主义之间的争论。朱利安·班达是理性主义的代表，强调实证经验和物理法则；柏格森的生命哲学则强调非理性的情感和直觉。

学哲学变成了魔方。当一部同时代的电影作品中场景的闪回不再有时间逻辑，当他在新的符号秩序中不仅仅无法从美学上评价这部电影，而且也跟不上行动的过程——这个过程在曾经的符号一句法中完全不算一个过程，这时候同样的不安，是的，恐慌就会抓住他。就像变老的人在每一年、每一个月改变地形和位置的城市里难以找到方位，就像因为曾经的英国和法国殖民地早已变成新的独立国家——它们的名字他很难记得住——老的世界地图再也派不上用场，他也这样绝望地迷失在新调子——不管是乐器的还是具体的——新词组和新句组的茂密丛林里。人们必须对他有耐心，无论是对他反动的冥顽不化中呈现出来的对新诗歌结构的不理解，还是对因为同样的不理解而表现出的有条件的宽容，抑或仓促却不合理地对那些日子带给他的一切所做出的肯定。

在这里首先要考虑的是：同时代事物内部的符号系统是极为不同的。的确，一个顶层系统（Über-System）总是作为一个分配权重的复杂进程的结果而建立起来。比如说，在我们的时代，这个超系统（Suprasystem）将结构主义置于存在主义之上，将摆脱了编年顺序、不受人名约束的新小说置于现实主义小说之上，认为某种把马尔库塞与黑格尔完美联系起来的马克思主义比马克斯·阿德勒[1]的康德式马克思主义更进步。像“爸爸的电影”[2]这样的概念甚至已经进入日报，变老的人自己也使用它们，随之接受了包含于其中的世界秩序，即便他们仍带着不信任和不自在。在每一个占主导的超系统内部形成了相互交叉的特殊系统，不稳定的审美品位序列以及理性—智识领域内并非略微松弛且不清晰的智识框架，它们部分与超系统矛盾，但从未完全脱离它。精神上生活在新实证主义领域内的人作为结构主义者按照别的指示点确定方向，而结构主义者又与别的参照系相关，不仅仅作为结构主义者，而且作为马克思主义者、存在主义者或现象学家。他们的共同点是他们都与过时的体系无关：在 19 世纪与 20 世纪之交称为生命哲学的东西对他们来说陌生且无所谓，在此意义上他们都在其时代

---

1　马克斯·阿德勒（Max Adler，1873—1937），奥地利法学家、政治家和社会哲学家，对奥地利马克思主义的发展有重要影响。

2　“爸爸的电影”（*Papas Kino*）是指 1962 年 2 月 28 日在奥伯豪森（Oberhausen）举办的“西德短片电影节”上以“爸爸的电影死了”（*Papas Kino ist tot*）为名举行的一次研讨会，在研讨会上 26 位电影制作人发表了一份奥伯豪森宣言，倡议改变当时西德荒凉的电影制造业，创作新形式的德语故事片。

的复合体内部活动。一个系统的范围越广阔，它就越抽象，同时对主体而言就越无差别。超一时代系统更为直接地调控个体居住其中的密切的秩序构件而非个体本身。对于结构主义者来说，结构主义挑选出来的哲学的概念而非马克思主义的概念与他们关系更密切，但他们和马克思主义者一样更容易接近马克思主义的秩序构件而非特奥多·莱辛[1]或者路德维希·克拉格[2]。最密切、最具体的系统自然总是个体的，其中心不再是"时代精神"，也不是这种或那种学说，而是其人格中的个别人本身：在这里参照系变成了心理事实，染上了情感色彩，具有生存厚度。

因为每一个个体都是一个特定符号系统的中心，因为系统的关联中心是其自身的此在，他的此在排好了参照点，就是这样，不是别的样子，所以对变老的人而言格外困难的是：在一个虽然在他们眼前产生，却

1 特奥多·莱辛（Theodor Lessing，1872—1933），德国犹太哲学家，对犹太人的自我痛恨这一现象做出了经典论述。他也是犹太复国主义者，后被纳粹杀害。

2 路德维希·克拉格（Ludwig Klage，1872—1956），德国哲学家和心理学家，发展出一套完整的对手写文本的分析理论，也曾被视为与尼采、柏格森同列的生命哲学家和存在论的现象学家。

越来越不由他掌控的时代里去理解符号。他要花费一些精力才能将《无个性的人》[1]中乌尔里希和朋友瓦尔特的谈话、纳福塔和赛特姆布里尼两位先生的精神事业（operationes spirituales）[2]、某位让·巴洛瓦[3]的反圣职者主义（Antiklerikalismus）[4]看成不重要的或者只具有历史趣味的。或者，就像 A 看着她的那些老照片时那样，当他刚刚读了一位现代辩证论者的著作再转向犹太的耶稣会士和意大利的共济会员在达沃斯的稀薄空气里进行的争论时，他也许会发出嘲笑，但只要把他的辩证论者抛到一边一会儿，他就会彻底像 A 对待 1938 年的时尚那样，**在回忆中体会到**他们的争论仍旧是至关重要的争执，并最终将今天辩证式的精明视为或低劣或高明的多余的空

---

1 《无个性的人》（*Mann ohne Eigenschaften*），奥地利著名作家罗伯特·穆齐尔（Robert Musil，1880—1942）的代表作，20 世纪最伟大的小说之一，初版之时产生过巨大影响。

2 纳福塔（Naphta）和赛特姆布里尼（Settembrini）都是托马斯·曼小说《魔山》中的角色。“精神事业”是该书第六章第六节的标题。

3 让·巴洛瓦（Jean Barois）是法国作家罗格·马丁·杜·加尔（Roger Martin du Gard，1881—1958）同名小说中的人物。

4 圣职者主义主张让某个宗教的神职人员在国家内部产生更重大的影响力，或者主张在一个宗教内部神职人员比平信徒拥有更重要的地位。反圣职者主义则反对上述主张，典型代表是基督教的福音派和改革宗。

谈。因为诸系统中最密切的，就是施放力量和约束秩序的中心是其自我的那个系统，这一自我的诸组成部分，其中的每一个关系、每一个形象都是其自我的一小块。倘若事情只是这样，即对于变老的人其时代的超系统和在其内部形成的亚系统（Infrasystem）中的多数只包含了其人格系统的经过剧烈变化的要素，那么他的陌异化就会变成一个完全的陌异化过程，留给他的出路也只会通往越来越深入的陌异化。如果他对这些给定的系统回以一个简单干脆的拒绝——哈，所有今天叫作哲学的东西，都是空洞的废话，那些所谓的绘画都是没有希望的涂鸦，自称是诗的都是乱七八糟、招摇撞骗的东西——他就从他的时代里走了出来，成为世界的陌生人和怪物。但如果他试着接受新系统，必定要以其个人系统的崩毁为代价，那么他就放弃了昨天尚是他自己的东西，在准确的意义上失去了本真，在这场没把握的交易中甚至无法换取主导系统的承担者的承认，因为他们有理由说，他的想法虽然很不错，作为一个老年人毕竟至少“接受新事物”，但他肯定缺乏正确的理解。事情有它自身的连贯性。新符号及其关系总是只对那些参与到其发明与安排之中的人才有完全的有效性，并只对他们开放，只有通过创造新符号才能掌握新符号。从前的陌生客人将总是和置身未知交通符号系统中的司机一样千辛万苦才找准方位。

长期以来A一直努力与那位既聪慧又犀利的现代文学批评者保持同步，这位批评者将他青年时一个来自施瓦本地区的诗人朋友赫尔曼·黑塞，直截了当地称为“庸俗的工匠”。好吧没错，他，A，对可怜的黑塞也并非保持无条件的忠诚，如果他今天重新读到德米安和他浪漫的朋友匹斯托留斯[1]一起呆看着烧红的煤炭时发生了什么，对他而言很可能也会是一场尴尬。彼得·卡门辛德对中产阶级家的小女儿萝曦·吉尔塔纳的爱在他看来非常庸俗。[2]当他偶然又翻开书，哈勒先生，这匹荒原狼对中性的赫尔敏的激情在他看来明显也是装模作样，显得有点儿滑稽。[3]既然某位五十岁的老男孩很晚才知道，和一个漂亮姑娘睡觉是一件美事，以上帝的名义，他就不

---

1　德米安（Demian）和匹斯托留斯（Pistorius）是黑塞的小说《德米安》（中文又译《少年彷徨时》）中的主要人物。

2　《彼得·卡门辛德》（*Peter Camenzind*）是黑塞的第一部小说。

3　《荒原狼》（*Steppenwolf*）是黑塞的一部自传体小说。

应该赋予琐碎的历史太多意义。但如此直截了当地使用“庸俗之作”这个词，在A看来是一种过于大胆的行为。他极想学会现代批评的激烈，同时向批评家们建议对待老年人需要宽容，他自己也愿意向新人表示宽容，此外也知道，宽容并非同样的宽容，新鲜事物总归正确，很简单，因为它们在时间上更进一步。“该如何对待庸俗之作和文化上的衰老？”A问道。在时尚界，昨天的造型，就因为是昨天的，所以变得尴尬可笑，文化上的衰老也会这样成为一种痛苦的羞辱吗？很可能。无论如何引人注目的是，无论是在时尚还是在文学审美中，历史的东西即使没有被传统教育神圣化，也不会受制于这一进程，这是怎么回事？罗恩斯坦[1]和霍夫曼斯瓦尔道[2]是奇怪的，但并不比文艺复兴时期的孔雀式男装更可笑。昨天觉得是时髦的东西，如今成了笑声和羞愧的痛苦，也就是庸俗之作，这种情况始终存在，A想。黑塞，形容词“优

1　罗恩斯坦（Daniel Casper von Lohenstein，1635—1683），德语诗人，同时也是法学家、外交官和翻译家，第二西里西亚诗派代表，擅长巴洛克风格诗歌。

2　霍夫曼斯瓦尔道（Christian Hoffmann von Hoffmannswaldau，1616—1679），西里西亚地区著名诗人，曾任现属波兰的弗洛兹瓦夫市（Wratislavia）市长，第二西里西亚诗派的代表，被认为开创了德语诗歌的“骑士风格”。

美”（hold），他们今天必须相信，这是因为他们属于昨天，在昨天很流行，这意味着，被大众习俗消费，并因之贬值。黑塞在自己的时代献身给优美的风格，卡夫卡在自己的时代写下自己冰冷的厌烦，但卡夫卡没有被庸俗化的进程困住，这个进程是历史性的，即便在与同代的庸俗相关的地方也是历史性的。这不是因为他的作品由完全不同于黑塞作品的元素构建起来——确实如此吗？还是单纯的巧合，恰好黑塞也属于让人们重点关注卡夫卡的第一批人？——而是因为布拉格人与施瓦本瑞士人不同，他从来没有引领过同代人的时尚。只有当卡夫卡不在了的时候才有了卡夫卡的时尚，所以它能以反时尚的姿态采取这样的计划：将自身同时构建为历史性的和指向未来的存在。

A 尝试着尽其所能去面对审美和智识变化的进程，用历史的方式为他文化上的不合时宜辩护，因为他以无可救药的方式不合时宜地活着，他虽然注意到了优美的庸俗，却不理解这一点。这样的尝试对他仅仅意味着一种完全抽象的和理论上的缓解。所以他首先怀疑的不是批判的头脑走上了林中路，因为他从未费力气去弄清楚，在年轻黑塞使用的符号系统内，“优美”与其他符号可以有着什么样的关系。被控有罪的形容词和当时日常语言中的个别审美构件，和服装时尚、课本中的抒情语言以及其他当时“时尚”的东西，和通常的声调及图像结构的关系线如何延展？像萝曦·吉尔塔纳一样的少女在钢琴上弹奏着辛丁[1]的《春潺》。人们读着莉莲柯荣的作品[2]。斯托姆[3]死去尚不久。优美还不是优美，黑塞还不是黑塞，1800年的荷尔德林还不像荷尔德林。——当充满活力的批评家曾经以严格的对或错谈论只在一个符号集合内部具有意义的符号时，A想，他们没有考虑类似的事情。不过批评黑塞的法官没法轻易否决：他使用了他的权限，作为属于他的时代的人去共同构建属于他的时代的符号体系，将黑塞的符号置入新的关系中，借此将其重新估值和加以改变。他的行为并非不被允许，因为系统不是静态的，而是存在于持续更新的进程中。优美与黑塞，荷尔德林和在风中静立无言的高墙，如果已经必定如此，还有德梅尔和每年都陷入不同符号秩序并改

---

1 辛丁（Christian Sinding，1856—1941），挪威作曲家。

2 莉莲柯荣（Adda von Liliencron，1844—1913），德国女作家。

3 斯托姆（Theodor Storm，1817—1888），德国小说家、抒情诗人，以现实主义风格见长。

变其含义的“djagloni gleia klirrlala”[1]。批评家作为符号的安排者、意义的给予者或者汲取者行动。人们必须允许他们这么做。

本来如此。A完全没被问过，是否认可某种做法。他的思虑，一个变老的人的思绪，在一个思维的门槛上打断了，在这里他必须认识到，即便那些犀利的批评的头脑并非事事正确，但他，A，仍没有任何权利反对他们。因为他与被经历过的现象间有特别的联系：它们是在他的个人系统内部的符号。它们的关联不仅维系于主体间可变动的参照点——也就是说，“优美”不仅独属于弹奏辛丁的《春潺》的姑娘或者当时登在老牌杂志《新环视》[2]上的文章——还连接到特定的、极为个人的处境、居所、街道；他读到“优美”和“djagloni”时居住的城市，他爱过的姑娘，自然，更为微弱的是连接到他穿过的正装、他光顾的咖啡馆。完全不可能突破这一个人系统，人们

---

1 理查德·德梅尔（Richard Dehmel，1863—1920），德国诗人，“一战”之前颇具名望，其作品擅长感性和充满爱欲的描写，多用繁复的修辞，对后来的表象主义影响甚大。“djagloni gleis klirrlala”是他的诗歌《我的饮水调》（*Mein Trinklied*）中描述歌声的拟声词。

2 《新环视》（*Neue Rundschau*）是创建于1890年的文学期刊，至今仍在出版，是欧洲历史最久的文学杂志之一。

年复一年随身带着这个系统的生命气息。A 突然理解了，曾经的先锋派恩斯特·安塞美[1]为何写下反对序列音乐[2]的反动倒退的著作。当已经过时的曾经的反叛者柯克西卡[3]排斥大量的现代绘画作品时，他理解了他所置身的让人羞愧的情境。比柯克西卡和安塞美年轻许多的他摆脱了“优美风格”，或者说，他能够将这种优美安排进一个新的符号集合，因为这些符号作为他个人系统的符号与他的人格长在了一起，伟大的指挥家和画家不像他那样能够相信，他们作为 1910 年的先锋并没有占领最后的、不可逾越的领地。

---

1 恩斯特·安塞美（Ernest Ansermet，1883—1969），瑞士指挥家，1918 年在日内瓦创建瑞士罗曼德管弦乐团 Orchestre de la Suisse Romande 并一直担任该乐团指挥。他在“一战”期间和流亡的斯特拉文斯基相识，此后多次指挥后者作品的首演。安塞美以演奏斯特拉文斯基和其他俄罗斯音乐家的作品而享誉世界，但他对无调性音乐非常反感。

2 序列主义音乐是 20 世纪出现的一种音乐创作手法，最早出现于勋伯格 20 年代创作的十二音音乐中，后由勋伯格的弟子韦伯恩进一步发展。“二战”后出现了大量序列主义作品。序列主义音乐摒弃了传统音乐的种种结构因素，主题、乐句、乐段以及它们的逻辑发展和创作规律，使音乐创作成了数学演算的过程，最终形成的乐曲有很多偶然的成分。在电子音乐中序列主义手法被广泛使用。

3 柯克西卡（Oskar Kokoschka，1886—1980），奥地利表现主义画家、诗人和剧作家。“二战”时逃亡布拉格与一帮表现主义画家们成立了一个“柯克西卡帮”。

这是真的，他对自己说，如果他花力气，就可以掌握新的符号，了解今天的规则，即便不是全部。诗艺。他十六岁爱过的莉莲柯荣没有结束，他稍后喜欢的里尔克没有结束，之后到来的海姆[1]、特拉克尔[2]、韦弗[3]、俄仁斯坦[4]，他们都成了他个人系统中的要素。一切就这么过去并将如此继续。但此时他脑海中浮现出一首诗。“him hanfang war das wort hund das wort war bei / gott hund gott war das wort hund das wort hist fleisch / geworden hund hat hunter huns gewohnt…”在几行令人惊讶的变体后以如下诗行结束：“…schim schan schlang schar das wort schlund schasch wort /schar schlei schlott schund flott war das wort schund / schasch fort schist schleisch scheschlorden schund /

1　海姆（Georg Heym，1887—1912），德国诗人，被认为是早期表现主义文学的最重要代表人物之一。

2　特拉克尔（Georg Trakl，1887—1914），奥地利诗人，作品兼具表现主义和象征主义风格，但其作品难以做出精确划分。他是 20 世纪上半叶最伟大的德语诗人之一。

3　韦弗（Franz Werfel，1890—1945），奥地利作家，表现主义文学的旗手。

4　作者只提到了作家的姓“俄仁斯坦”，同为此姓的知名作家有阿尔伯特·俄仁斯坦（Albert Ehrenstein，1886—1950）和卡尔·俄仁斯坦（Carl Ehrenstein，1892—1971），二人是兄弟，均为奥地利作家，前者作品影响较大，也被认为是表现主义作家。

schat schlunter schluns scheschlohnt”。[1] 是的，这并不可恶，也不可耻。这也不新潮，以至于让人目瞪口呆、一头雾水。A 的脸上没有庸俗的嬉笑，也没有保守的愠怒。他读过各种各样的理论杂志，这些杂志让他差不多弄清楚了这些符号的句法。他付出了真诚的努力。但爱的辛勤是徒劳的，他自己也没法喜欢上它们——哈，djagloni 去哪了？和 schlunter schluns 一起。他忽然明白了这个可怕的事实：对于变老的人来说，不仅身体从承载变成了负担，变成了负累，文化也是如此，就像机能不全的心脏，敏感的胃，虚弱的咀嚼器官，艰苦与辛劳，每天都必须要学习新的符号和系统时，更是格外辛苦。在 1945 年到 1948 年他没那么容易解码法国存在主义的精神地图。他几乎无法

1 这首诗是奥地利诗人恩斯特·扬德（Ernst Jandl，1925—2000）的《前进的疥癣》（*Fortschreitende Räude*）。扬德进行了大量的实验性诗歌写作，他的作品常常或通过字词的变形呈现具体的视觉意象，或通过自己构造的词语的发音产生听觉上的冲击，被称为“音响诗歌”。作者引用的《前进的疥癣》的第一段是对《约翰福音》1:1 和 1:14 德文翻译的变形，路德本的德文翻译是“Im Anfang war das Wort, und das Wort war bei Gott, und Gott war das Wort”和“Und das Wort ward Fleisch und wohnte unter uns”，和合本对这两句的翻译分别是“太初有道、道与神同在、道就是神。这道太初与神同在”和“道成了肉身、住在我们中间”。但扬德做了变形后的诗句要表达什么含义难以确定，尤其是作者引用的第二段，每个词都难以找到德文中准确的对应词，是典型的音响诗歌，故一仍其旧，不做翻译。

确信自己对存在主义的认识，但他必然已经体验到，记录在存在主义中的位形图已经不再被承认，新的边界被划定。拉康、福柯、阿尔都塞都曾发明符号—系统、公布编码，A 必须承认，他没有能力将它们转化成萨特的符号。对谈论普鲁斯特的人来说，重新学习勒克莱齐奥[1]非常辛苦。如果他相信自己的努力，决定研究美学著作，他肯定能够或多或少地弄懂“schasch fort schist schleich”。然后，当他看到类似的东西时，他会带着被压制的崇敬感和觉得自己不合时宜的意识摘掉帽子。而当他看不到这些时，他肯定会更惬意。就像他不再能够攀登，并因此成为对其人格之否定的山峰一样，现代文化的符号语言显得就是对其自我的否定。他虽然可以说，否定者有权利反对他，就像浪漫派有权利，有着基于时间流逝的权利反对被惹恼的老歌德，但与其符号系统的拆毁并行的是其个体性的消除，这没法让他感到高兴。他必然排斥被时间的流逝冲刷、被带进坟墓的东西，无论人们会不会将时间的流逝叫作进步。他没有兴趣出席葬礼后的

---

1　勒克莱齐奥（Jean-Marie Gustave Le Clézio，1940— ），法国作家，新寓言派代表作家之一，2008 年诺贝尔文学奖得主。

宴席。

他的同辈把相册推到一边，闭上眼睛，能够在回忆中复活整个昨日的符号系统，让曾经经历的时尚符号再次充满吸引力，像她一样A背诵出德梅尔的诗句，却没有人愿意再聆听它们。此外还带着歉疚，因为他知道，djagloni已不再让人留下什么印象，他略感悲伤，做的事情就像那个眼睛湿润、哼唱年轻时的流行歌曲的老年疯子。

人的文化存在是其社会存在的一个形式。在他的整个生活范围内对其社会生存有效的，对他的文化可能性也具有法则式的效力。在一个特定的，或者更理想的情况下，在一个不特定的、每一次都按照各种特别的关系出现的时刻，他都只还是他曾经的模样。文化上自我超越的机会终将不再。层层累积、规定意识的教育元素的数量如此巨大，以致其性质再难以更改。就如身体随着变老渐渐变成量的累积，而不再是能量，在此作为文化受体来理解的精神亦是如此：精神笨拙、沉重，被自身负累，被时间负累，以至于当新的符号提出挑战时，它在愈加严重的懒散中不愿意再动弹一下。

人会在什么年纪遭遇这种不幸？这是每个人都会

遭遇的厄运吗？不是会有这样的人吗，他们中大多数人在年轻时或最晚中年时接受抑或创造出的系统超前于暂时发挥效用的法则，以致在变老或者在老年时也许对整出表演有了闻所未闻的满足，就像"时代精神"心不在焉地偷偷尾随他们，就像现在他们的系统突然被文化上的大多数所准许，以至于整个问题对他们而言不复存在？第一个问题可能没人有答案。文化上的衰老，接受能力与接受意愿的降低，面对新的每一天的疲劳与死心——他们就和生理的衰老过程一样个人化。也许五十岁会是一个转折点，但这只是大概的估计，因为没有可靠的统计数据。但第二个问题可以回答，而且可以马上回答。没人能够说"我超前于我的时代"，因为没人知道什么是先锋，只有曾经是先锋的才可以确定。但许多创造性的精灵都有这样的满足和平静，他们敢说自己把时代抛在了后面。阿诺·勋伯格在变老的过程中，在老年时体验到，对他来说核心的系统，也就是十二音音乐的系统变成了主流。印象派以来的大多数伟大画家，在年轻时，他们绘画的秩序结构和法则都曾遭到批判，但他们看到了自己系统的胜利。这自然不排除如下两类情况：也许在有生之年他们暂时取胜的核心系统过时了，被其他系统取代；以及在某些特别的领域，人到中年便能感觉到自己文化上的衰老。一位不断超越他的音乐时代的伟大音乐家，从电影艺术的角度看可能是一位精神散漫的遗老。作为创造了一个崭新符号系统的诗人，他在造型艺术上也会有顽固保守的品位。将文化上的衰老、文化上因衰老而产生的隔膜，将由于对世界的不理解而导致的对世界的拒绝，从理论上用一些仅在一定程度上合理的句子加以确定，这样做的困难与此处被称为系统的东西的易动与模糊联系在一起。每一个占主导的超系统，按照旧时的语言习惯也称作时代精神或者新纪元的精神——必须作为概念被废除掉吗？答案既是否定的又是肯定的。非常明显，不管怎样，只要从一个特定的距离，并以一种满足日常文化生活的粗浅角度来观看一个时代精神的轮廓，就明显存在一个这样的系统。如果我们仔细观察我写下这些句子的 1968 年当下，就会认出一系列参照点，他们的关系曲线成了新纪元精神的轮廓。新批评、新浪潮、实验诗歌、荒诞剧、波普艺术和临场演出，以及其他任何在聚光灯下、在头版头条闪亮，让人想起来的东西，总是会出现，无论某些个别现象和其他现象作为一个形式，作为一个不仅是通过几个年份才聚集起来的整体是多么自相矛盾。答案又是肯定的，如果不再止于浮光掠影的观望，超系统的概念就必然要收敛，因为那时候各种事态就丧失了使其聚成一个整体的一切。时代精神或者超系统变成了一系列个别系统，变成一个无形式的量。然后文化上的同时性概念也无从着手了，因为它最终还是还原成了单纯编年的抽象事实。安德烈·纪德[1]的朋友们的社交圈在纪德式的符号系统中进行精神上的社会游戏，他们不关心巴黎那群围绕在 *Tel quel*[2] 杂志周围的年轻作者组成的先锋群体。盎格鲁—撒克逊的新实证主义者们不知疲倦地继续建造他们的规范大厦，不知道有新马克思主义和结构主义这样的运动。对具象音乐的青睐者而言，十二音体系已经完结。序列主义的作曲家宣称，具象音乐走进了死胡同。

存在一个主导性的超系统这个矛盾——即便也存在一些保守人士，他们会一股脑儿地把抽象和新现实主义绘画、序列主义和具象音乐，以及新实证主义和结构主

1　安德烈·纪德（André Paul Guillaume Gide，1869—1951），法国作家，1947 年诺贝尔文学奖得主。

2　*Tel quel* 是 1960 年创建于巴黎的一份先锋文学期刊，期刊名字面意思是“如其所是”。该期刊于 1980 年停止出版。

义分析当作新潮的谎话加以诋毁——以及同时存在又不存在时代精神这种东西的这个事实，最初看起来稀松平常：的确存在森林，这片森林可以分成不同的区域，最后是单棵的树木。同样，存在这样一种本身十分平常的矛盾，在描述实际时将超系统、亚系统，最后是个别现象理解为可能的假定，就可以消解这种矛盾，但在我们关于文化衰老的语境中它变成了一个生存问题，这样的问题不能用琐碎、关键之类的描述来理解。在文化上，变老的人无论如何都存在，即便他在一个陌生的、费解的世界里摆脱了保守的骄傲，那不过是卷到轮子下面的畏缩。每一个主导性的超系统都是部分上相区别、相离散的亚系统的复合；事实上，并不存在文化上的共时性，所有系统也包含他本人的要素，可能在他死后的某一天，他的系统中的构件在调整之后重新复活，成为最宏大的系统，这些却和他没多少关系。与他密切相关的，是每一天都重生的新时代因与其个人系统相对立而做出的更正与撤销。他从每一篇时报文章中都能读出这种撤销，在每一个现代艺术展览中都能加以确认，书市上大多数的新出版物都对其有隐含的表达，而刚好在我们的时代，它以一种特别伤人的方式呈现出来。

密集的信息让人间接地意识到，每一个新的符号系统刚一出现，就会在极端的简化后擅自谈论一种宽广的公开性，它将自己简化为缩写的口号，渗透进最低层级的谈话，以一种别扭的方式普及开来。在文化层面变老的人愿意付出每一分他能想到的努力，可他永远做不到“入时”。他成功地以值得尊重的勤奋和善意压制了自己的反感，带着这种善意，他阅读了通俗哲学家麦克卢汉[1]的一本书，尝试着做出思考，他已经听到一个高年级学生随口说：“媒介就是消息。”[2]由此，不仅他的个人符号系统失去效用，他的努力和好意也变得可笑。在随便哪篇通俗文章中读到这句标语的高年级学生通过毫无反思的反刍，贬低了这一时髦哲学的价值，并在表面上确认了他自己对这一思想系列的低估，但这对变老的人并非慰藉。相反，他必须看到，产生、流行和贬值的过程正以越来越快的节奏进行着。这让他完全气馁了，不仅因为这让他彻底明白了，他辛勤的学习是多么毫无指望，

---

1　麦克卢汉（Herbert Marshall McLuhan，1911—1980），加拿大哲学家，现代传播理论的奠基者，预见了互联网的出现，最早使用“地球村”一词。

2　媒介就是消息，原文为英语：The medium is the message。

而且因为在每时每刻都显示出别的特征、无法追赶的动态超系统，亦即时代精神，和他的经过数十年持续发展而形成的个人系统之间，总是会挤进越来越多的系统，导致他自己的系统被逼得越来越远，最终连他自己都几乎难以辨认。在这里这一合乎逻辑的问题“加速是否能被叫作进步”对他来说完全还轮不到讨论。对于保守主义者而言，文化的发生与他的个人系统一次性地一同达到顶点和终点，这种毫不妥协的保守主义者的立场虽然无法辩驳，却没有希望。只要他不退回这种立场，只要他不想像个山里人一样变成夜郎自大的否定者，他就必须承认加速是一种本真的现象，他甚至必须把他尝试称作时尚和附庸风雅的东西都一同考虑进加速的本真性中，最后还必须把那名读了麦克卢汉的作品的高年级学生视为一个觉醒了的年轻人，虽然他昨天还准备将其当作多嘴的厚脸皮打发掉。没有什么新东西会让他觉得那么怪异、那么微不足道，以至于他必然不会信任它，不会带着敬意接受它。他对新纪元精神的每一次让步，都让他的世界中的一部分变成废墟，就像林荫大道旁看似坚固的 de Maître 酒店，却被推倒，就为了在它的原址上建一些脆弱的新公寓。尽管五十岁的人更喜欢在午后闭目，回想自己三十年前的夹克和帽子多么合身，但她还是会向自己的裁缝定制新时装。文化上变老的人也同样要保持自己的步伐，但临场演出对他就像今天的时装对她一样无足轻重。

不合时宜的意识如果没有僵化成一种否认新时代的保守观念，就会让人备受折磨，堪比毫不间断的身体痛楚。我们活跃于其中的这个时间段对于变老的人并不友好，很可能比过去任何时代对变老的人敌意更大。每一种个人文化系统的核心部件都在青年时期成形，呈现出活力和敏感度的变化曲线。如果个人系统被一个以持续不断的动力更新的超系统所压倒，这个超系统与现代信息工具赋予它的整个借以夸耀的东西一起开动，那么变老的人在被同辈人的负担文化压迫后，就会承受一种前所未有、无可替代的自我与世界的丧失。每一个主导的、互相渗入的超系统让那些在教育意义上被称作“历史的”，即通过教育传承并神圣化的秩序组件继续留存，这一点在此并没什么作用。因为在个人系统内部，被传承、被接受的教育价值大多只具有微乎其微的意义，除非与之相关的个体从事历史性的教育职业，无论是哲学家、历史教师、艺术史家还是其他职业。对于并非专攻旧式人文教育和以此为职业的文化人来说，个人系统通过那样的符号被规定，它们从青年时期到人生巅峰都一直作为现代的从属而生效。一个五十岁、学识丰富的人的个人系统不是被荷马而是被卡夫卡，不是被康德而是被胡塞尔，不是被丁托雷托[1]而是被诺尔德[2]所浸润。每一个超系统都或多或少幸运地整合了历史的系统，也都摧毁了昨天和前天的系统。正是这些系统，以无数的演绎方式组合成了变老之人的个人系统。

在疲倦地阅读了一堆当代期刊上登载的充斥着哲学、社会学和元语言学内容的文章后，A从辛苦中缓过劲来。他从书架上拿出几本年份较老的书，希望从中得到心灵的宽慰，重新找到自己。他把书又合上。这些书不是为了针对那些在他看来既恶毒又狡猾的文章，他带着不抱希望的心态仔细钻研了它们，甚至加上了旁注。他很少能从一个二十五岁的人那里抢走他高傲、美丽的

1　丁托雷托（Tintoretto，1518—1594），文艺复兴时期画家，威尼斯画派代表。

2　诺尔德（Emil Nolde，1867—1956），德国画家，表现主义绘画最著名的代表。

姑娘，他很少能在滑雪时超过一个三十岁的男人——无论他曾经能在滑雪板上站得多稳——现在，他也很少能靠重读于连·格林[1]而战胜菲利普·索莱尔[2]。过去了，他必须得说，过去了，一去不复返，我翻开《少女阿莲德》[3]，在这部作品中看到现代小说写作的最后一个词语，这样的日子一去不复返了。我自己尝试写作的那一刻也永远过去了，在研读了《尤利西斯》之后，就算是构思一部小说都不再可能。我过了大约三十年的精神生活，如果我不想像那位七十岁的朋友一样——无论时机是否合适，他都会从包里掏出一本荷尔德林的作品说："我读这个，就够了！"——如果我不想像他一样，今天就必须承认，三十年来我只是一再地把一个错误换成另一个错误。万物皆逝，因为总是有新东西在地平线上出现，这点理所当然，人不会两次跨进同一条河流，这句话来自古老的智慧，但这些只有当人们敢跨出曾经经历过的

---

1　于连·格林（Julien Green，1900—1998），法国作家，作品常描写人生存中的恐惧，以写实主义风格见长。

2　菲利普·索莱尔（Philippe Sollers，1936— ），法国实验派文学家。

3 《少女阿莲德》(*Adrienne Mesurat*）是于连·格林的第二部小说，写于1927年。

空间，敢为不可为之事时才理所当然。到哪里去？到一个没有符号和系统的世界，一个空的世界，一个反宇宙。然后，我也许可以对自己说，当我从德梅尔、里尔克、本[1]、格林、普鲁斯特和乔伊斯那里经年累月地构建起我的宇宙、我的系统，他们就不是相继出现的错误，而是一个个阶段，我在后乔伊斯时代里宣告了小说艺术的终结，这是对的，就像索莱尔和他的朋友们一样，今天他们在小说上是对的，明天将是错的。阶段，属于什么的阶段？一个发展的阶段。它们应该引向何处？不知道答案的人无法正当地谈论阶段，只可以列举事件。我感觉到，我将屈从于一种诱惑，这种诱惑十分危险，就如同在防守中敌视时间的僵化或者其对立面，也就是不假思索、走马观花地接受所有日子带给我的一切。我想从永恒的角度，联系我所熟知的整个精神史，来观察我一系列的错误，但这就和不闻不见没有区别。永恒看起来和无风、有雾的北海一样，那里大海和阴霾的天空互相交融。我将虚无与没有符号、如大海般灰暗的永恒联系起

---

1　作者只给出了姓“本”，可能是指戈特弗里德·本（Gottfried Benn，1886—1956），德国诗人，德国现代文学史上的关键人物。

来，而与虚无联系起来的在与虚无的联系中自己也被消灭了。从永恒的角度观察文化事件，对于文化上变老的人来说是某种安慰，却同时是一切自我欺骗中最悲哀的事情。A 感到轻微的眩晕，他对自己说，真相就是，人们不可以用理性的方式与时间对立、追逐时间，但也找不到出路摆脱时间的流逝，驻留在某种只是虚无的永恒之物上。Schat schlunter schluns 就跟 djagloni 和格里菲乌斯[1]或者随便什么上帝知道的东西一样好。一个系统就和另一个系统的价值刚好一样多：这样说的人，也可以什么都不说。

我可以试着安慰自己，低声告诉自己，现在看起来陷入时间的毁灭之中的事物，也正在被这一时间所保存。数十年来充实着我，将我聚拢在一起的人，从德梅尔到本，从黑塞到普鲁斯特，从塞尚到弗兰西斯·培根，他们在曾经属于我的那些日子里，满足了这些时日的要求，当他们被超越时，他们也被牵扯进谈论之中：没有任何东西是不曾失去的。安慰，思维的游戏。在毁灭中的持

---

1　格里菲乌斯（Andreas Gryphius，1616—1664），巴洛克时期最重要的德语诗人之一。

存是一种哲学史的建构，缺乏生存领域中的宏大。在娜塔莉·撒饶特[1]的著作中哪里留下了普鲁斯特的痕迹，研究清楚这一点是文学史家的事情。在某个特定的时间段，在一个在我看来只能让我和作者联系起来的空间里，被一种只能被自己的记忆唤醒的此在气息围绕着，我第一次读到了**我的**普鲁斯特——在撒饶特女士的书中我无法重新找到他。他是作为我生存的一部分而被这位女士追赶和超越的。留给我做的是什么？融入这位撒饶特，并经过这种融入打破我曾经通过普鲁斯特封存起来的生命的包裹，如此我便能试着超越自己。我能够通过解除我与被超越的朋友 X、Y、Z 的文化契约来完成同样的脱离操作。弗朗索瓦·莫里亚克[2]的赤松林和昏庸的红酒庄园主属于我，但我离开了他，就为了可能的时候到他儿子克劳德·莫里亚克[3]那里去。但我到不了目的地：克劳德·莫

1　娜塔莉·撒饶特（Nathalie Sarraute，1990—1999），俄裔法国作家。

2　弗朗索瓦·莫里亚克（François Mauriac，1885—1970），法国作家，1952年诺贝尔文学奖得主。两次世界大战时期最重要的文学家之一，天主教革新派的代表。

3　克劳德·莫里亚克（Claude Mauriac，1914—1996），法国作家，弗朗索瓦·莫里亚克的长子，其妻子是普鲁斯特的侄女，撰写过小说、电影评论和普鲁斯特研究。

里亚克所在的俱乐部不接纳我。他是一个，或者说想成为一个明日的作家，所以他属于那些拥有明天的人，就像数学音乐家伊阿尼斯·泽纳基斯[1]一样，他用思维机器作曲。而明天——这可以说是十分钟后，一年后，十年后，最迟十五年后——我就不在了。解开这些将我连在老莫里亚克身上的绳索没有意义。我不断争取，想要摆脱他，获得自由，但这自由对任何东西都没有用处。一直拴着的是可耻的放弃。跳进一个空洞的空间，这个空间属于一种扬弃自身的自由，不再能让我安住，这样的行为不过是惊慌失措的表现。束缚不再觉得是束缚，自由不再觉得是自由，安置在北海般的永恒迷雾之中，在那里束缚无法被去除，自由不再被体验，这——只是个什么？

现在清楚了：是死亡。对于文化上的衰老就像对于生理上的衰朽一样没有任何对抗的办法，它是彻底的坏消息，是终点的宣告。一个文化的符号系统的每一次凋谢都是死亡或者死亡的象征。随着每一次的凋谢，变老的人感觉到的是“死吧”。但不久之后就会从中冒出一

---

1　伊阿尼斯·泽纳基斯（Jannis Xennakis，1922—2001），希腊当代作曲家、建筑师，受偶然音乐和电子音乐影响很大，将数学概念和理论引入音乐创作。

个“生成吧”，那里完全没有变老的人。黑暗大地上的忧郁客人，他听到了马蹄声，听到了疾跑的声音。他如何执着于生，也就如何在深深的颤抖中抓住过去了、丧失了、耗尽了的系统。它们曾是他的生命，所以现在也是。只是，人的生存被死亡包围，它朝向死亡，只有通过死亡才接受其意义，他的生命便具有包含这一矛盾的特性，以令人压抑的方式存在悖论，他的生命不得不死去。在别的地方我们将变老之人的生命称为“自我一时间一回忆”，将其与年轻的、允诺了空间与世界的此在对立起来，而就他的文化联系而言，这种生命是一具尸体。文字优美的黑塞，唱着《饮水调》的德米尔，被怀疑困扰的弗朗索瓦·莫里亚克，变老的人还相信从他们那里可以产生生存的力量，其实他们已成过去，已然腐朽。

文化上的变老也嵌入了社会上的变老，前者的尊严也完全和后者的尊严一样，只能在矛盾的、与冲突决战到底的反抗中自己实现自己。新系统就在那儿。变老的人必须不抱丝毫希望地、日复一日地一再尝试解码它们，直到终点。如果变老的人不以他的自我为代价，腐朽着的秩序就不会让他离开；明知自己的精神行为具有一种邪恶的恋尸癖，他仍必须对衰朽的秩序保留一种毫无价值的忠诚。这意味着，在这里，他也必须在进行没有指望的自我超越的同时接受和拒绝他的毁灭。

他不再理解世界，他理解的世界已不存在。他被逼迫着理解无法理解的东西，这种逼迫就和过去的牢笼一样不放他走。他不是英雄，只是随便哪个人，他就和随便哪个变老的、将死的人一样充满英雄气概。

## 与死共生

疾病现身了。家庭医生的脸时不时露出职业的、可以被医院的乐观主义净化的担忧。同岁的朋友都死去了。统计学向他保证还有十五年。变老的人思考着死亡，他首先将其看作一个客观事件，以幸存者的视角。他愿一切都按照良好的习俗进行。只要正好可能，应该照顾家庭，应该用这样或者那样的形式提前考虑好坟墓的事情，得为这个写下遗嘱。这些由习俗和继续活着的人要求的规范状态若被建立起来，将死之人即可安心。

与他相关的大概就是，他将在一个完全可以预见的时刻不再存在（过去四十年对于在疯狂的匆忙中回望过去的人而言就此过去！），他被引向对死亡的沉思。他将立即体会到，这样的沉思并非不能产生任何结果——毕竟这一点他一直都知道——而是它根本不可能产生任何结果。思考死亡，弗拉迪米尔·严克勒维奇[1]在他拒绝给予慰藉的著作《死亡》中这样写道："想都不敢想。"关于死亡完全没有什么可以思考的，天才和笨蛋在这个议题面前会同样崩溃。死亡什么都不是，就是虚无，毫无意义。对死亡的思索缩减成了无足轻重的琐事，即便与压缩的规律相符，它的密度也变得极大。但有什么被思考了吗？很难说。参与思考不可思之事的人，不管怎样都保留给他一些词语，人们可以把它们叫作思想，也可以不这么叫。即便是这些词语也缩减得越来越少。对死亡的思考变成了单调的、狂热的连祷，和现代诗歌的某些作品有着无法否认的相似性：我要死了死了要我死了我要要我死了死了我要我要死了[2]。或者用法语说：Je vais mourir mourir je vais je vais mou-rir, rire, rire, je

1　弗拉迪米尔·严克勒维奇（Vladimir Jankélévitch，1903—1985），法国哲学家，俄裔犹太人，流亡法国，在巴黎高师就学于柏格森，后对柏拉图和新柏拉图主义多有研究。

2　这一句的原文是"Ich werde sterben sterben werde ich sterben ich werde werde ich sterben sterben ich werde ich werde sterben"，是同一句话各种颠倒语序后的重复。

vais mou——所有语言都只能用同样无意义的方式表达，因为没错，我的语言的界限是我的世界的界限，但我的世界的界限也是我的语言的界限，在死亡面前，在我的反世界面前，也显示出我的语言如何无力。

无力的语言和失去力量的思考自然没有离弃变老的人，即便在他蔑视连祷时，即便在他想用一个思考者的尊严与死亡，与这不可逃避的彻底失败对立起来时也没有。也许他将思考死（Sterben），准确地说是思考死去（Hinsterben）。在死去面前害怕是合理的，因为有不同程度的生理折磨在等着我们，而且人们总是说："我不惧怕死亡（Tod），我只惧怕疾病和疼痛。"谁敢这么快使用自相矛盾的词语？死的折磨被描述过数百遍，每一次描述都带着可怕的穿透力。在杜·加尔的《父亲之死》[1]中可以读到："尿毒症引起的抽搐变得越来越频繁，它们如此野蛮地发作，每一次袭击之时，照料的人都只能气喘吁吁地坐下，手足无措地看着病人受苦。从一次病发到另一次病发之间只有一声长长的哀号，un long hurle-

1 《父亲之死》是杜·加尔（Martin du Gard）的小说《悌堡一家》（*Les Thibault*）的第六章。作者 1937 年凭借这部小说获得诺贝尔文学奖。

ment[1]……”人们还可以在数不清的地方找到相似的描述。也有人习惯了与死亡搏斗，就像悌堡家的老父亲那样战斗到底，他握着某个人汗水淋淋的双手，这个人徒劳地一再顽抗，与死亡的搏斗却最终埋葬了他，哈，一个好人。既然医生已经表现出温和的乐观主义式的担忧，那么事情也就和变老的人有关了。为了不让自己的话语变成乏味的喋喋不休，变老的人就琢磨起死来，而把不可思的事物，也就是死亡，放到一边。暂且如此。如果他不会轻易疲倦，倾向于放弃，就会被迫找到重回死亡的路。稍后他将意识到，这死也是*活着*，正如活着是长期的死。“我认识死亡”，《魔山》里霍夫拉特·贝仁斯有一次带着毫不客套的笑容，严肃地对被判决了的约阿希姆·齐姆森的母亲说，“我是它的一个老雇员，人们高估了它，您相信我！我可以对您说，这几乎完全没什么。也许在压迫发生之前会生气勃勃，可能会带来生命和康复……”[2]

生气勃勃的事情也就是，那首先让衰老之人忙碌起

1　un long hurlement，法文，意为一声长号。

2　霍夫拉特·贝仁斯（Hofrat Behrens）和约阿希姆·齐姆森（Joachim Ziemssen）都是托马斯·曼小说《魔山》中的人物。

来的事情——不管怎样在他更深地陷入死亡之思或者说“反一思考”之前，他都如此相信，这大概可以与操心健康保险和遗嘱的条款相比较，一部分是生理问题，一部分是社会问题。是害怕因为心肌梗死而亡，还是持续数星期的尿毒症发作而死，这并非毫无所谓，心肌梗死在最好的情况下几分钟就会把人带走，而尿毒症——就像悌堡家的老父亲，他的儿子，一个医生，没法眼睁睁看着这苦难，最终用注射器让他解脱了。一个贫穷的可怜鬼独自在医院里死去，得不到冷漠的护士们的重视，和一个富人在高等病房里离去，是截然不同的：对于后者而言，桌子上有鲜花，医生们为履行高薪职位的义务而亲切问候、体贴入微，亲属们时常来探望，这些也许都帮不了他，却能让一些没有痛苦的时刻更平缓地度过。在将死的时日里还有好生活，正是这种好生活将他的生活和穷人苦难的生存如此赤裸裸地区分开来。人们必定会一再说，我们在死亡面前是平等的——这话说来跟没说一样，或者说，它将平等的要求排挤进可耻的、不具约束性的形而上学领域——我们在死去时却不平等。“有钱人哭得不会太伤心”，东方犹太人有这么一句格言。有钱人死得也会更安稳一些。这，也只有这才是里尔克对上帝那虚饰矫作的要求的意义：但愿上帝赐予每个人属于他们自己的死亡。自己的或者个体的死，可以拿钱去买，正如个人的、与大众潮流分开的生。社会面对死的问题和所有社会难题一样没有解决，这些难题被利益相关方当作已清理的，毫无廉耻地放了过去。死亡，你在哪里让人感到刺痛？穷人给出非常准确的答案：在养老院，在医院，在供暖很差的套房里，在绝症患者必须拖着身子穿过走廊才能到达厕所的地方。

不可以把社会面对死的问题掩藏在本体论的思考之后，并最终像变戏法一样变没了，就像对多多少少严重的身体疾患，对先于死亡的“压迫”的追问也不允许这样。不过另一方面对思考者而言，不可能在没有完全意识到冒险不可完成的情况下，超出死的现实（Sterbensrealitäten）去探究死亡，而且还是在严格的、避免固定概念连祷的学科中。他在每一个地方都将被矛盾缠绕，一方面将死亡和死分开，另一方面又总是自相矛盾地将它们合并到一起。死亡没有死是空洞的，但死没有空洞的死亡也就毫无内容。将死所表现出的生命力和死亡彻底的荒芜分隔开的鸿沟将首先显现出来——它不只是说一个呻吟的、生命垂危的病人不同于一具沉默的尸体这样的陈词滥调。不过这里已然表明，死，不是指过世那几近虚无的状态，而是可以在时间的序列中理解的死去（Hinsterben），一个逻辑上可讨论的概念——借此我们也认识到死亡与死之间可疑的、含混的关系。即便不迈出日常经验的领域，也肯定能够谈论死。安东尼·悌堡——一位年轻的医生，他确定，他父亲的肺的过滤功能已失效，知道这个老人已在死的路上。但在严格的意义上，既然在死亡之前没有人已死，在现在时的意义上便没有人**死**。人们只能说，他**已近死了**。既然死这个词作为概念只能通过已然发生的死亡获得其逻辑上的辩护，在符合逻辑的语言中，它就只能使用于过去时。这说的不外乎是，当人要面对他的终点时，便不断陷入死亡边缘。死亡的不可思索性却让他所有的努力都归于虚无，其无意义让所有的逻辑规定都失去效力。我的死亡，是一个伪命题：只要我在，死亡就不在，只要死亡在，我就不在。从古代起人们就知道这些，而这样的知识从来没给任何人带来过好处，对于每一个临近死亡的人，它只是一个乏味的笑话。它是真的。它是假的。它是智慧和愚蠢。每个关于自身死亡的主观陈述的确都包含一个逻辑问题。我不存在。“我存在”难道不是已经排除了“不”吗？没有排除，只要我在陈述时仿佛从我自身中抽离了，即去除了我不存在或者不在那儿（nicht-da-Sein）的客观事实，也就是从幸存者的角度来看待自身。排除了，如果我保持在自身内，并将我的自我理解为只对我有意义的东西，理解为一个在那儿的（daseiendes），“我存在”就不允许“不”。

我死去的事件，我死亡的事实，这个事实不管存在什么逻辑难题，相比所有其他人和其他事都与我关系最大，这个事实只有幸存者才能理解，也只能由他们在事物的顺序中排列。在一个被讲过很多次、每次只讲一半的恐怖笑话里，一个丈夫说：“如果我们俩之中有一个人死了，我就从我们的房子里搬出去。”在法国的法庭上，如果一个刑事被告在审判时死亡，法官便会起立说：“l’Accusé est décédé, l’Action publique est éteinte。”被告死亡，公审取消[1]：这是对一个现在不再存在、不再能被提出任何控告、不再能征税、不再能付薪水、不再能被派给任务、不再能被送去养老院的人的死亡这一客观事实最清楚、有力的表达。只是，对于他人而言，此人的生

1 前一句法文即此含义。

命从来不是一个公开的事件，无论他如何被社会所规定。而他在那里，虽然完全可以思考一个没有他在场的世界，却无法思考他自己的不在场，这是他的生存的一个基本情态。在某些时刻，这个基本情态对于他彻底变成了世界的意义，即便它只是一件不可忍受的不合理之事。

“我讨厌这个，因为这对我而言什么都不是。”托马斯·曼的约瑟夫四部曲[1]中，当人们带来约瑟夫死亡的假消息时，父亲雅克布这样说。每个人都排斥这个让人愤慨的苛求：他应该友好地对他的死亡和不存在表示满意，因为最终所有人都必然会死去。他以极深的厌恶排斥这个消息：不，这对他什么都不是。所有人是所有人，他是他，他人的死的确令人悲伤，但他不应该存在，这是传言，绝不可能。然而人以恶心的、反自然的方式将吐出来的东西又吃了回去。这对他而言什么都不是，可他必须把它吞下去。他不想死，他将会死。他不能思考死亡，但他必须思考。明显的伪问题，对临界的否定性的

1 约瑟夫四部曲，指托马斯·曼的四卷本长篇小说《约瑟夫和他的兄弟们》（*Joseph und seine Brüder*），是托马斯·曼篇幅最长的小说，出版于1933—1943年。

探究，对虚无的思考，同时也是种非思考——它是人最后的、最极端的存在问题。“虚假，这就是死亡。”让-保罗·萨特这样说。哲学家就这样取消了死亡，取消了将生存变成不透明的实质，变成石化的、只不过是“曾是”[1]的“是”[2]的死亡。和死亡打交道的人，卷入的不仅仅是危险的关系：他是在搞污秽的乱伦。但人们同样完全有理由说，唯一真实的就是死亡，因为它是一切未来的未来。我们走的每一步都通向死亡，我们思考出的每一种想法最终都在死亡上撞壁折返。它完满而空洞的真理，它不现实的现实是我们的生活无意义的完成，是我们对于只有在离世的虚无中才能完全主宰的生命的胜利，是我们彻底的土崩瓦解。

死亡是元矛盾（Urkontradiktion），作为绝对的“无”包含其他一切可思考的否定。它只能以否定的方式被定义，是还剩下的构成我们有机体的最后几十亿细胞的腐坏。从死亡中只可能产生否定的思考，正是它的不可回溯性才给予了否定囊括一切的意义。某物曾经存在，或

---

1 “曾是”原文为“avoir-été”，“être”的过去完成时（见下注）。

2 “是”原文为法语“être”，表示是、存在的动词不定式。

是不再存在，我们都只能通过他人的死亡来体验，医院、殡葬公司、墓地都带给我们关于他人死亡的弱化的、模糊的消息。一件东西分解了，但它在别的物理成分中可以再次被找到。而死去的人离开了，连一个地址都没留下[1]，就这样永远离开。他僵化成物体，就像别的东西一样损毁，就这样他变成了对自身的否定。在他死后随他一同发生的，只不过是一场要重新抛弃否定的聚会，这是一场戏仿自身的聚会，让人感到毛骨悚然、毫无指望。伊夫林·沃[2]在《好莱坞之死》中讲述过“珍爱的故人”“亲爱的人”在死后的荒唐命运，不再是什么被珍爱的故人，就是不在了，而这样一种摆设带来的惊悚：为尸体化好妆，摆放在象征安宁却与安宁毫无关系的松枝中，因为安宁与新出现的生命的不安相对——在一切必须改变的都改变之后，这种惊悚属于每一场欢庆的葬礼。

他人曾在，如今不复存在；对他人死亡的经验是每一种否定的故而也是辩证的思考的前提，但同时也

1　“连一个地址都没留下”，原文为法语“parti sans laisser d’adresse”。

2　伊夫林 · 沃（Evelyn Waugh，1903—1966），英国作家，著有多部小说、传记和游记，被认为是 20 世纪英国最伟大的文体家之一。

是对所有辩证法的拒绝：否定之否定的否定。不带来任何安慰的对不存在的认识，并非真正的认识，但能让我们从老远就认出一团充满迷雾的、流动易逝的阴影。它向我们开放了通往否定—辩证思维的道路，却又阻碍我们走向这道路，以致我们几乎从未真正走上这条路，因为死亡是否定之物，本身从不承载肯定的东西。为了能够使用（gebrauchen）“相对无”，我们去理解我们需要（brauchen）的“绝对无”，只不过是经由死亡来理解，但如此一来，就像我们没怎么理解死亡一样，我们也没怎么理解绝对无。死亡不仅仅是每种肯定思考的矛盾，也是所有否定思考的矛盾，它是无意义，它反击每一种意义，神秘而又琐碎，思考之必需却又是思考之不可能，在生命中否定生命，而生命没有死亡作为界限就不可想象、毫无价值，但同时既然它必须结束，也就丧失了每一种价值。医生要确认一起如今不再那么容易定义的医学上的死亡，检察官必须对一个死人提出公诉，用和他们不同的方式谈论死亡的人，只能要么在矛盾中说些违背情理的话，要么逃到隐喻中去。我们在这里也逃不脱隐喻，即便我们愿意付出任何代价来避免时也无法逃脱，隐喻的陈述是条更安稳更漂亮的道路。死者安息了，睡去了。“他很好。”在珀尔珈[1]的一则逸事中，一位刚刚去世的死者的亲属说，一个冒失鬼提出了一个粗鲁的问题：“你是从哪儿得知的？”安慰着自己和其他家属的亲戚自然不可能从任何地方知道死者是否安好。死者——不过“死者”是什么意思？虚无必然更准确，即便这样说也更空洞，因为会很快腐烂的尸体不是“死者”——如果想再一次这么使用语言的话，那么死者既不好也不糟。他不安静，没睡觉，因为在安静之后必然有不安，在睡眠之后必然有苏醒。因为无就是无，如此断言独一无二，仅仅是同义反复，可以统统废除。

死者不仅用他的死亡设定了他语言的界限，而且也设定了我们用以谈论他的死亡的语言界限。“愿逝者安息。”这肯定是句好话，而且汉斯·卡斯托普[2]说得对，这话比“愿他高寿”更富同情心，后者更像是喧哗。但它也只是隐喻的空话，因为无人在墓地安息，不管人们是否如此祝愿。死者没有戴西班牙式的轮状皱领，也不是让·谷克多的《奥尔菲斯》中名叫玛丽·恺撒雷的美

---

1 此处只提到姓“珀尔珈”，可能是指奥地利作家阿尔弗雷德·珀尔珈（Alfred Polgar，1873—1955），维也纳现代派中最知名的作家之一。

2 汉斯·卡斯托普（Hans Castorp）是《魔山》中的人物。

丽而幽暗的妇人[1]，而只是空洞的无法辨认本身。不管怎么开始言说死亡，都是错。“用逻辑的语言无法表达”，在卡尔纳普对海德格尔关于虚无的一个句子的语义分析中如是说。他是对的。用隐喻的语言只能说出废话：如果从永恒的平安中察觉到点什么，每个人都能够如此判断，一个逝者在艰难一生后最终归于平安，而每个人的一生都很艰难。谈论死亡的平安，意思不过是因为生活中的不安而惊慌。死亡隐喻可以和正确的说辞一样搁到一边：当一个人死去，从现在开始就只有个虚无在那儿，虚无不存在。除非——

是的，除非喜爱隐喻、确信死者很好的未亡人相信永生，并且明确了这份信仰。在这儿写下这些的人，和那种信仰的荒谬无关，那种对死后永生的信仰只有通过神话的媒介才能获得一些意义。他和让·罗斯坦[2]一样

---

1 让·谷克多（Jean Maurice Eugène Cocteau，1889—1963），法国诗人、小说家、编剧，《奥尔菲斯》（*Orphée*）是他执导的电影，1950 年上映。电影以古希腊著名的奥尔菲斯前往冥界接回亡妻的神话为底本新编，场景放在现代巴黎。玛丽·恺撒雷（Maria Casarès，1922—1966），法国女明星，在电影中扮演已死的公主。

2 让·罗斯坦（Jean Rostand，1894—1977），法国生物学家、哲学家、知名的科普作家。

完全坚持这一点，直到最后。罗斯坦曾如此简洁有力地说过："我相信，当我们倒地身亡，就会保持这个姿态，不会像剧院里被杀掉的演员一样又重新站起来。"

仿佛在超越死亡的界限之后仍然具有生命，这是种神秘的希望，无论是谁放逐了这样的希望，都将无法放弃从一开始就被判定为失败的尝试：思索他的死亡。弗洛伊德说得没错："在潜意识里我们每个人都确信自己不死。"这并非如我们所想，是源于造物对生命的眷恋，而是因为自身死亡的不可思，但这种确信非常微弱，就和那些信神的人对永生的希望一样动摇不定。悌堡老父亲是个虔诚的人，是许多天主教协会的创建者和名誉主席。但当事情严肃起来，他的上帝和在上帝中的不朽明显就变得对他不再那么有价值。他知道，要结束了。"对于其他人，死亡是一个暂时的、非个人的想法。对于他，此刻死亡是当下的全部，是现实。死亡就是他自己。"所以他请来神父，向他告解。他说，起来，他的使命感命令他做些什么。老悌堡对于他已不可触及。"片刻之间，他的思绪像往常一样试图逃到那里去，唤起对上帝的信念。但热情很快消退了。永生，上帝的恩典——无法理解的语言:空洞的声调，没有一点与这慑人的现实相符。"

没有人相信他的死亡。弗洛伊德是对的。当事情就此而去，没有人相信彼岸的希望：马丁·杜·加尔——《悌堡一家》的作者——是对的。

每个人都必然会有那么一次对不可思之物进行的思考。总会有一次。自然，对空洞的探索开始的时间点并不确定。然而人们在意识里，仅仅模糊地来说，可以将变老作为一个我们碰上死亡想法的时间段来谈论。对于年轻人——我们没有精确划定年轻的界限，就像我们也无法说明人意识到他在变老的时点——死亡什么都不是。死亡与他唯一的联系，就是他埋葬亲人的经历。即便不乐意，上战场时却也没多少对死亡的恐惧，他几乎不害怕公路上危险的车辆，一场重病通常也不会让他惊慌。对自己的抵抗力很确信的“身体智慧”？这只是一个给生物学家的问题。年轻人比老年人拥有更长的生命，要信任这个先于每一次精确统计收集起来的、如同一种统计的普遍经验吗？请向心理学家要答案吧。变老的人认为需要认识的，是双重的：一方面对死亡的惧怕或者死亡想法的物性程度不同，取决于预料中的死亡由外而来——通过事故、通过敌人的手，还是由内而来；另一方面，即使是年轻人这种由内而来的死亡，即使他身患重病，也只有非常弱小的现实价值。如果死亡要由客观的、非个人的事情变成本己的事，就需要一种对生理朽坏、体力消失、记忆减退以及所有形式的衰退的广泛经验。说人们处于一个长期的死的过程中，人们一刻不停地走在死去的路上，死亡在我们身上渐渐成长，这些都可能只是逻辑上不可靠的类比和隐喻——在被经历的范围内，这样的死亡隐喻是可被体验的现实。如果变老的人没有与周围疏离，躲入一种可以操弄的生活技艺中去，那么只要他不带愧疚却又没法成功地排除掉脑子里的想法，在他离世之前好多年，事实上就已觉察到自己在死去。生理的、社会的、文化的世界损失让他确信了早前只是被他麻木地当作一种理论性真理而相信的事情：他是个必朽之人。狂热的连祷出现了。“我要死了，死了我要，死了，死了。”他现在所依靠的死亡，不再构成他自身可能性的一部分。但既然他很快认识到，除了磕磕巴巴的死亡抒情诗外，他没有任何办法去触及那毁灭性的无意义，他的思维便一再重新搁置在对死去那令人憎恶的活力上。

没有什么要收回：死这个动词在逻辑上只能用于过去时中，因为它只能从已然进入的死亡中才能获得它的合法性。然而，既然死亡的矛盾给我们的整个生命都投下了阴影，它让所有的逻辑，始终是生命逻辑的逻辑，所有肯定的思考都失了效，那么死亡的理念必然反逻辑地在死的想法中具体呈现。于是，相关的人也许会说，既然他不能够思考死亡，他就必须围绕死亡进行思考——尝试着一再重新开始这条环路，尽管他描述的始终只是半个圆圈。我要死了，变老的人对自己说。什么时候？在哪里？怎么死？首先是：怎么死？

几年以前A就已经步入这个行列，让人难以置信的高寿和各种形式的身心疾苦不允许他像亲爱的家畜和勇敢的邻居那样在白天劳作太久。他应该熟悉死亡，不是像主任医师霍夫拉特·贝仁斯——他在山庄疗养院里是死亡的老雇员——那样熟悉别人的死亡，而是熟悉自己的。他曾经生活在特殊的环境下好多年——这种环境不是本书的主题[1]——在这样的环境下他每一天每一秒都等待着自己的死亡。他看到和他一样的人以各种可能的

1　作者之后的描述是以自己在奥斯维辛集中营的经历为原型，这些经历是他另一本书《罪与罚的彼岸》的主题。

方式离去。同伴们，人们没法说别的——就像刚刚说过的，因为斑疹伤寒、痢疾、饥饿、被人殴打，也会忽然因为齐克隆 B[1] 而痛苦地死去。他不以为意地攀爬到尸堆上，穿过地下通道，那里有一些人被挂在牢固的铁钉上。“那时候我是怎么样的？”A 问自己，并给自己答案，在这答案里他知道其他人将带着不信任接纳他："我没有畏惧。我不勇敢，因为有太多东西让我惊恐。我那时年轻。逼迫着我的死亡从外而来：这世上没有比被敌人打死更美妙的死亡了。”死亡从外部来，即便不是通过大棒或者毒气。痢疾和蜂窝织炎是一个怀有敌意的世界所进行的攻击，会激起惊恐（schreckerregend），但不会让人害怕（Fürcht），不像死那样让人害怕。死，缓慢，在衰朽时从内部被安放在我这个熟悉的敌人的一旁，现在，当我已然老去，不需要立即弄懂医生那让人愉快的诊断和几个在下降的数字，我不得不跟它打交道了。那时，就我的情况而言也能够被理解为来自内部的谋杀导致的死，是世界针对我个人的攻击。一根钢管抡过来，一枪

1　齐克隆 B（Zyklon B），氰化物化学药剂，原本用作杀虫剂，纳粹在集中营中用来进行大屠杀。

打过来，一阵突然的高烧把我击倒。我处于——我曾处于，我准确地记得——丧失了对世界的信任的人的状态中，因为在困境中不能抱有任何获救的期待。那时的死是恐怖（Terror）。

现在死是颤抖（horror）和窒息（angor）。[1] 我那时必须面对的，是靴子——完全字面意思上——踩踏着我，几乎将我碾碎，没有人向我那被碾压的身体投来哪怕一道目光，更别说给予积极的帮助了。这样的惊恐带有某种突如其来的、不可理解的、完全陌生的东西，但我也手无寸铁，经受了一种非理性的基本情境，一个可能的防卫的萌芽嵌入了这种情境。今天？我没有放弃任何东西。因为一点儿小毛病我去看医生。他很友好，他的设备和处方笺就在那儿，随时可为我效劳。我整天在零下二十摄氏度的天气里拖着沉重的步伐，不知道跨过了多少千米积雪的街道，时不时我就会听到一声清脆的枪声，一个同伴倒下了。陌生的惊恐也许让我短暂地战栗，但我没受到惧怕的打扰。

---

1 “颤抖”和“窒息”这两个词用了拉丁语。上文中的“Terror”本身也是拉丁语。

疲倦了，不想开自己的车时，我就会搭乘一辆出租车，车驾驶得非常平稳，没有人会拒绝向能支付现金的人提供良好的服务。但惧怕与我同在，一种麻木的感觉逐渐成了我人格的一部分，它不曾让我颤抖，但这感觉异常持久。因此，我原本不能再说，我**感到**惧怕，而是说，我**就是**惧怕，如果这种惧怕也不阻止我做自己的工作，即便其他人不知道我的惧怕，甚至我装出来的好情绪也丝毫没有走样。变老的人总是组织欢快的野餐，去剧院，穿时尚的衣服，我相当怀疑，跟这些人在一起会不会更好。而我，没有勇敢多少，但也不是特别害怕，从那时起我就踏上了漫长的死亡之途，所以无论如何我都知道：生命的希望在多大程度上离开了我，我就对死亡产生了多大程度的惧怕。我的存在密度变稀薄了，对死的惧怕作为纯粹的否定性充斥着空洞的空间。那个终将成为我的死的东西慢慢逼近，给我的生命涂上它独特的、非常丑陋的、以前我从不知晓的颜色。我不再确切地知道，它怎么来，它从哪里开始，与我察觉到脚步、马蹄和小跑一道。那里一阵太过迅速的疲劳，一阵沉重的呼吸，一阵突然的疼痛，即便我记不起来，它也在对现实的回顾中出现了。只有在一些糟糕的事恶化后，它们才作为构成性要素成了对变老和死去的期待。惧怕，窒息，狭窄，逼仄，压抑。我想起 1944 年被雪覆盖的乡村街道和十足的谋杀，我曾经对这些谋杀没什么兴趣。没有更美好的死亡，实际上不是每个人都有机会。

无法接受的想法，人们会想，他是为了多么反动的卑劣行径给出了自己的不在场证明！多么愚蠢啊，因为对死的惧怕而期盼死亡的降临！但这只是消解每一种反思的死亡矛盾的愚蠢。一直是真的，我确信，如果没有时间过去，人们会更容易面对死亡，更容易与如此不可避免也不可思议的东西变得亲密，或者说，如果人们没有走到这一步，要把这在不可更改的变老进程中不可避免地到来却又无法理解的独特之事——这里要用个什么样的动词？[1]“预感”不行，因为它处理的是某种完全未知的东西。所有的最终都可归结为“害怕”这个词吗？我害怕死，随着自身的老去，我在熟悉的敌对中与它争斗起来，在一种欺骗性的亲密中对它渐渐习惯。我不认识它——但凡是活着的人怎么可能认识它？——所

---

1　作者在这里用了一个不定式结构，破折号前的短语是宾语，之后要加一个动词，但不确定应该用哪个动词。

以它必定和生命的经验相连，除了惧怕（Ansgt）、害怕（fürchten），我应该说得更多，但此外我知道，这个我被要求的“更多”，只能是一个借口。我觉得，我害怕狭窄的空间。所以并非不可以将死和我那变得狭窄的生命等同起来。身体在同样的意义上让人如此相信。将要离开生命，最后一口呼吸，或者像我非常珍爱的篇目中所说的“喘气”（Verseufzen），我把这理解为窒息，即便医学会认为这个概念在临床上不准确，因此将其否决。随着这口随后即被剥夺的呼吸，我和每个人一样熟知了自己。就像任何一个人一样，我的呼吸困难了：那时我明白了，对自由的愿望可以回溯到对呼吸自由难以忍受的渴望上。而在死的过程中，我为了自己如此迫切需要的氧气而不再得到保证。因为不再拥有呼吸的自由，所有自由都被剥夺了。因为对空气的担忧我必须继续下去，这很卑劣，却又伴随着一种害怕，我将极有可能越来越准确地了解这种害怕。

对于自认为对死亡和死有所知的 A 来说，死亡在生命中的出场就是变老的人越来越熟悉的缓慢的凋零；而他又将这还原到对狭促和窒息的惧怕上。它和呼吸困难有种特别的关联，这种关联让每一种反思都转向荒谬，也就是转向对死亡的反—思考，即便从狭促之处向宽广世界无望地张望的人被准许进行这样的反思。呼吸困难总是让压抑的人渴求深呼吸，而不是渴求死亡带来“解脱”这种把戏，为了知道这一点，我们不必非得成为医生和病人。不存在这样的解脱。一个患病的人始终只能从痛苦中解脱，获得没有痛苦的生活，在自我摆脱欲求之后得到安宁，但他从来都无法从这个自我本身解脱。只有在比如罹患骨癌的情况下，人才不再有痛苦，因为他的身心整体都只是痛苦，直到这时，对于否定、对于虚无的反自我的渴求才会出现。但即便在这种极端的、由身体附加给自己的折磨中，患病的人也会渴求呼吸，即便他也向医生祈求，用注射器一针结束这痛苦，倘若就要走到终点。

所以，尽管对死去的惧怕似乎违背了一切逻辑，但最终都是在呼吸困难中变得具体起来的对死亡的惧怕。这意味着，在对死的思考中我们不能执着于最后进程的活力，而是一再被指向死亡思考的不可能性，部分因为死从死亡而来才成为死，但部分——这里A或者每个人呼吸困难的经验又可以帮助我们——也因为患病的人从未想过让某一口呼吸变成最后一口“解脱的”呼吸。对死去或者窒息的惧怕据此变成在死亡之前的恐惧(Grauen)，而这恐惧按照古代的智慧不可能是我们的事情。探究不可认识之事的下一步现在很容易就完成了，也许太容易了，所以大胆地想成为答案的东西最好以问题的形式提出。不是可以这样推论吗？不仅是对死的惧怕，而且是每一种一般的惧怕都可以回溯为对死亡的惧怕？没有什么应该从A的冥想所声称的有效性中删去，按照他的冥想，做出这个区分是必要的：一边是恐怖，一边是颤抖和窒息；一边是从外部作为陌生之物所赋予我们的死亡，一边是——用比喻的说法——从内部以最为糟糕的亲密性将我们覆盖的死亡。而在喘气时，颤抖与恐怖重新合为对死亡的惧怕，这是确定的——可以怀疑是否每一种惧怕都可以还原为对窒息和死亡的害怕，但无法简明扼要地给出答案。去看医生时，如果他将我们忍受着的疼痛诊断为无害的症状，我们就会平静下来。严重的、痛苦的风湿，我们知道它不会致死，会比最初无痛却致命的循环系统和血液疾病更好地融入病人的人格。在他那部无与伦比、思维广阔的著作《健康与苦痛》中，德国医生和现象学家赫尔伯特·普吕格[1]谈到一位所谓“年富力壮”的四十五岁的工业家，他以为左肩得了风湿，便去看医生，并用非常有魄力的方式表示歉意：自己因为一件如此琐碎的小事来麻烦一位教授。但检查结果表明，这与风湿完全没有关系，明显是心绞痛的症状。当医生告诉病人诊断结果后，产生了一种引人注目的变化。尽管病人生理上并未比之前经受更多痛苦，但他的果断和活力立刻消失了。“十四天后他变得苍老了，”赫尔伯特·普吕格写道，“他表现得内向了，他的活力没了。他现在生活节制，戒了烟，让他的司机开车。他现在很‘在意’他的心脏，人消沉了。”我们完全可以补充说，他惧怕，惧怕死，惧怕死亡，惧怕下一次呼吸将成为最后一口。“弥漫的焦虑，终极的痛苦，最后，死亡在召唤。”[2]弗拉迪米尔·严克勒维奇写道。每一种惧怕都是对死亡的惧怕，每一种关怀都应该在死亡面前守护我们“为了我们的健康所做的事”，这是面对死亡的

---

1 赫尔伯特·普吕格（Herbert Plügge，1906—1972），德国医生、哲学家，对身体现象学多有研究。《健康与苦痛》（*Wohlbefinden und Mißbefinden*）一书出版于1962年。

2 本句原文为法语：L’angoisse diffuse, l’angoisse ultime, enfin, s’appelle la mort。

自卫。我们的整个生命都在避免不可避免的事情的荒谬辛劳中消逝：我们在“死”的路上走得越远，我们越靠近最后一口呼吸，也就越绝望地对抗那个东西。而从理性的角度看，我们其实应该满足于那个东西。理性的角度？我们处于一个所有理性都终结的区域，它围绕着死亡，也就是绝对的反理性。知足，这意味着接受死亡。这可能又意味着，在某种立场上拒绝生命。但无论是前者还是后者都不可能。每一种拒绝都必须为我们保留随便一个什么备选项，即便只是一个痛苦的选项。处于完全的陌生和不可理解中的死亡却不是备选项。它是假的，既然我们不能思考它；它是真的，既然只有它对我们来说完全确定。在我们变成无之前，面对与我们对立又归属于我们的“不”的不可见时，我们便已濒临毁灭。

我们如何自处？嘴里念叨着偏执狂式的连祷？与笼罩一切的否定性和平相处？面对死亡逃到死亡中去？我们一刻不停地活着，仿佛从未向生命宣誓。在个体一心理的领域，这些问题的答案会显得完全不同。人们知道有直到变老和老年都无忧无虑的人。他活着，不管怎样至少看起来如此，他们也如此保证，保持平衡，死和死亡都与他无关。还有其他一些人，人们把他们当成精神错乱者，他们为了逃离死亡而冲入死亡，并且想象着，上帝知道，彻底战胜了他们的不自由的行为——自杀，增强了他们的自由。倘若尼采没有精神失常，他也许就会有类似的行为，因为他这样写道：“只有在可耻条件下的死亡才是不自由的死亡，错误时间的死亡，懦夫的死亡。人们应该出于对生命的爱来期许别样的死亡，自由的、清醒的，不搞突袭。”一部自愿死亡的愚人史。

人们向我们讲述勇者的事迹，他们平静地注视死亡（仿佛他有一个东西在那里，仿佛在那里可以看到什么东西），站直了死去，反抗将他向地面拽去的地心引力和变老的重力。讲到那些开朗的人，他们安详地迎着终点走去，还有惊慌失措的人，只要终点的第一批禁令向他们颁布，他们就开始咒骂，不停地咒骂，以至于他们的爱人也不耐烦地离开他们，而当死亡最终不是让呻吟的人，而是让他们的爱人解脱时，后者会大大松一口气。但在所有个人的特殊情况之外——这将超出心理学的范畴——也许有一种面对死亡和死时一致的根本态度，这种态度被相同的基本命运所限定，勇敢的人和胆小的人，健壮的人和虚弱的人，开朗地保持平静的人和被惊扰的精神病人都无差别地采取这样的态度。

所有人都在变老时与死亡达成妥协。没有平静，只有妥协，一种麻木的妥协，无论这听起来多么可恶。并不是他们学会了死，人们没有在亲密的关系中学会它。这种亲密正在于认识到某些东西是无法领会的，在于将“预感”还原为惧怕，在于对狭促的空间感到不可忍受，在于临近最后的呼吸时浑身颤抖。麻木的妥协是害怕与信任、反抗与放弃、拒绝与接受之间的平衡，它们被建立起来却摇摇欲坠，它们被严重扰乱，只是不同情况下程度不同，但即便是神经疑病症患者也不会丧失这一平衡。对于变老的人而言，死从一件普遍客观的事情变成了一件个人化的事情，他试图将因为统计和医学发现而明了的对高潮时刻的切近中性化，途径便是一种每一天都变得更不理性，也更不相信自身的信任。每一次延迟——在一次发作、一场重病、一次危险的手术之后——对于他都是一次对法庭的上诉，这个法庭的的确确能宣判他的无罪。幻象：这只是被推迟而不是被废止，法官完全没考虑驳回原判。但这都无法阻止变老的人沉浸于这样的假象，他知道，这个假象需要去承受。芬兰语中有这样一句晚祷词：“主啊，如你呼唤我，我愿追随你，但不是在这个夜晚。”知道自己靠近死亡的人，就像这个祷告者一样在摇摇晃晃的平衡中行事。他已经想死了（他并不想，他只是知道，他必须死，故而说，他准备好了）——但不是今夜，不是这个时辰。每一晚都是今夜，每一个时辰都是此时，每一次都是向法庭上诉。与死共生的意思并不是把握对自身有限性的认识，也不是习惯虚无的无意义。习惯只是在空洞和错误的期待中，在自我欺骗中的某种练习。既然人们始终知道，不管什么时候，确切地说很快，判决将获得法律效力并得到执行，于是，当人不再自我欺骗时，就成为自我欺骗的牺牲品。

变老的人具有一种在每一次为环境所迫的时间感中立身的惊人能力，借助这种能力会很容易获得平衡。我们在别的地方说过，在记忆中他将逐渐变成时间，因为世界和空间都从他身上抽离。那即是说，不该再谈论“朝向未来的时间”，死亡，对每一种什么东西的否定，是等待的目标，废除了未来这个范畴的含义。我们没有出售这个位置。即便不用重新引入对变老之人而言已变得无意义的未来维度，我们也被迫要在它的位置上安置某种新东西、别的东西。我们说过，未来，降临到我们身上的东西，是被经历的现实中的空间；变老的人失去了空间，也随之失去了未来。他为此换来的是一种不清不楚、说出来很凌乱的时间上的冷漠感。这种冷漠没有消失，相反，它包含着他的惧怕，但让他可以忍受这惧怕。他回望变动着的年代背景和生命阶段构成的过去，过去在回忆的过程中不断地改变他的尺度和分量。但事情始终是，曾经的任意时段在他面前都显得极为微小，而同样长的时段在他那阴影下不确定的未来中却完全无法忽视。正因为他必须考虑还能再活几年的可能性，他的主仿佛成了一个会让这段时间确定无疑地向无限延伸的好人。四年前他在某个城市度假：就是昨天。还有一年他就不在了：一年得过多久啊！一种对失去了存在密度的“之后的时间”的扭曲，属于平衡和习惯的进程，就如那假想中的上诉。经由这个概念我们会献身于神学，献身于任何一种超验的思想，就像加布里埃尔·马塞尔[1]表达过的，将“希望”视为“构成了我们的灵魂”的材料。千万不要有这样的天真。当变老的人达成了麻木的妥协，他便是作为惧怕的造物在行事，这种造物必然在惧怕中反抗惧怕。

---

1　加布里埃尔·马塞尔（Gabriel Marcel，1889—1973），与萨特并列为法国两大存在主义哲学家，萨特将其归为有神论的存在主义的代表。

否定的造物不包含任何可以辩证描述的实证性，他带着愧疚躲避一直要捕获他的“不”。他和死亡玩起捉迷藏的游戏，哪怕是他试图加入死亡中的时候。被尿毒症折磨的悌堡老父亲让他的儿子给自己来了一针。“他感觉到一阵放松，”罗格·马丁·杜·加尔这样写道，“一种非常珍贵的对平静的需求，因为没有任何疲劳的打扰。他未曾停止思考他的死亡，但现在，既然在注射剂的效果下他停止了去相信死亡，那么谈论死亡便对他变得可能，甚至惬意了。”每一个变老的人都是一个悌堡老父亲，即便在他觉得健康和精力充沛的时候也是如此。在死亡还没有对他造成直接的威胁时，他会对自己说，我自然会死，不过这还有好长一段时间，这么长，完全无法预见、没法设想的长长的一段时间，这时候他把自己的死亡当成一个客观事件接受了。当他认为自己真的就要离世，毫无疑义的死亡是留给他的最后也是唯一的本己之事时，他挺身反抗，却不抱希望。“再等一小会儿，刽子手先生”——绞刑架上的杜巴利伯爵夫人[1]苦苦哀求。

---

1　杜巴利伯爵夫人（Comtesse Dubarry，1743—1793），法国国王路易十五的情妇，法国大革命时期被处以死刑。作者引用的是她死前说的最后一句话。

这话和芬兰语里的祷告词意思一样，表达了同样悲惨的谬误，以为延迟就是废除，以为下一刻不会像这一刻一样成为极端和不可撤销中的最后一刻。如果宽限了一段时期，这一刻到下一刻那一段短暂的时间就会具有混乱的无限性，和一个人尚且盼望着的一年和十年一样。

不管在什么情况下，当变老的人第一次察觉到自己在变老时，就意识到了一种无法摆脱的处境，他与这种处境达成了谎言式的妥协，他就活在这种妥协之中。但他不是可耻的说谎者，虚假的信念也不是一般骗子的虚伪。他确实屈从于谎言，他做出的麻木妥协只是为他的根本处境的荒谬所迫而从心理上与这种情景相适应：错误潜入越深，或者更准确地说，作假的东西，让他笼罩在阴影里的死亡潜入越深，他的生命就越虚假。“不”越逼近他，他的“是”也就越扭曲，越不真诚。狭促、窒息的环套越来越紧地扼住他，也就越无出路、越绝望也越虚假地要求他跳跃、开阔。在某一刻他说：“再待一会儿！”——他知道，这一刻并不美丽，他也不会停在这一刻。他扮演着多重角色——勇士、默默付出的人、惊慌失措的人、骄傲的反叛者，没有哪一个他能解释得了，因为所有剧本里都注明了不可信、不可演。他把死亡和死分开又合起，区分来自陌生者的谋杀致死和缓慢覆盖他的亲密敌人，琢磨着害怕和保留给欺骗性的慰藉的期限。一切都是徒劳。死亡的反意义否定他想到的任何东西，却又同时迫使他继续去想。让人疑虑的担忧是死亡之忧模糊不清的镜像，因为无人能够怀揣前者度过他的一生却避开后者。有人想着他的流感、他的债务、他不忠诚的伴侣。如果流感可以治愈，债务可以偿清，不忠的荡妇可以更换，而没有什么会跟终结一切的死亡一起开始，他是否就不应该思考死亡？他把自己埋在关于死亡的想法里，埋到脖子，埋到嘴巴，靠这些他不会获得什么文学上的声望。人们满足了他。他是某个A，一个变老的人，他没有任何声望。

“不想在年轻时死去的人必然会变老。”这是一种陈词滥调，我们可以说它意味深长，明白晓畅，也可以说它毫无意义。没有人想在年轻时死去，没有人想变老，因为我们具备互补式的平庸，我们的生存在不断自我消耗，这一点令人难以接受，这种难以接受本身却无处不被接受，围绕着不可接受本身那不可测量的维度的互补式平庸自然加深了需要它去补充的部分。虚无与对我们生存的“否”[1]随着变老呈现出来，对我们变得明白。变老是一处变得荒凉的生命区域，不给人一丝一毫合理的慰藉。人们不该给自己任何幻想。变老时我们失去了世界，变成对纯粹时间的内感官。作为变老之人，我们对自己的身体感到陌生了，但同时也比以往任何时候都更靠近自己的身体，那变成纯粹质料的迟钝堆积的身体。在我们越过生命巅峰之后，社会禁止我们再做自我的筹划，文化成了我们不再理解的文化负担，它反而要求我们明白，我们已是精神的废铁，走在时代的下坡路上。在变老时我们终将与死共生，这是难以置信的苛求。我们忍受着无以复加的羞辱，不是带着谦恭，就是作为被羞辱之人。不可医治的疾病的所有症状都可以还原为死亡病毒不可理解的后果，我们就是带着这种病毒来到世上。在我们年轻时死亡病毒还不猛烈，那时候我们知道它，却与它没多大关系。随着变老的进程，它开始发挥威力。它成了我们的事情，我们唯一的事情，即便它什么都不是。狂热的连祷、诗意死亡的絮叨都要比黄昏伊甸园那极为丑陋的劣作要好。“老年应当在日暮时燃烧

1 “否”，原文为“un”，是德语动词的否定性前缀。

咆哮。”狄兰·托马斯[1]说。

A 可曾做过任何事情，使得平衡被破坏，妥协被揭露，日常被颠覆，慰藉被驱散？他希望如此。日子在缩减、干枯，这时他终于有了说出真相的欲望。

---

1 狄兰·托马斯（Dylan Thomas，1914—1953），英国威尔士诗人。此处所引出自他的名诗《不要温和地走进那个良夜》，写于作者父亲病危期间。翻译据巫宁坤先生译本。

# 译后记

翻译让·埃默里的著作纯属偶然。上海三辉图书的编辑联系我翻译埃默里的《罪与罚的彼岸：一个被施暴者的克难尝试》，因为一直对关于奥斯维辛的写作抱有兴趣，也因为我一直研究哲学上的恶的问题，便欣然应承，后来又顺手接下这本《变老的哲学：反抗与放弃》。这两本书的翻译伴随我博士论文提交后等待答辩直到入职工作的大半年时间——正是我人生告一段落、不知道下一个目标何在的一段时间，充实了不少我不知所以的时光。最初上手，觉得埃默里的文字并不艰深，有时候有些干瘪，显得啰唆，随着翻译的深入，越发觉得他的文风颇合我的脾性：冷峻、硬朗，不带丝毫的温情，一个句子写下来就像一个拳头挥出去。我知道，经历过奥斯维辛的人，对这个世界已不存多少幻想，他经常穿戴盔甲，防备周遭的再次侵犯。但他是内心存着热火的人，他始终关心战后的各种社会进步运动，即便对运动人士也常有批评，但他渴望的是真正的人与人之间的友爱。《变老的哲学:反抗与放弃》一书则更切入我的个人生活。乍一看，变老这个主题和一个正值壮年的人没有什么关系，但翻译这本书时，正是我离家四载后再一次与父母一同生活的一段时间。父母明显老去的容颜和各种发作的疾病，让我感受到时间真实的力量。翻译的过程中我不时唏嘘感叹乃至悲从中来，我想要体会他们的艰辛，可事与愿违，由于两代人之间的观念差异以及长久没在一起生活，我与父母之间不时生出抵牾，甚至父母靠他们的身体感知对我表示出的种种关心也让我烦不胜烦，有时甚至会说出“我的身体又不像你们一样”这样残忍的话来。这正是埃默里写下的变老的残酷之所在。后来听到友人说，两代人之间的矛盾在所难免，可我们至少应该努力让这些困苦显得没那么艰难。这也是埃默里写作的用意吧。

图书在版编目（CIP）数据

变老的哲学：反抗与放弃 /（奥）让·埃默里著；杨小刚译. — 厦门：鹭江出版社，2018.4（2018.6 重印）
ISBN 978-7-5459-1432-0

Ⅰ. ①变… Ⅱ. ①让… ②杨… Ⅲ. ①死亡哲学 Ⅳ. ① B086

中国版本图书馆 CIP 数据核字（2017）第 284827 号

著作权合同登记号
图字：13-2018-001

Über das Altern. Revolte und Resignation
by Jean Améry

Published by Lujiang Publishing House

BIANLAO DE ZHEXUE: FANKANG YU FANGQI

变老的哲学：反抗与放弃

［奥］让·埃默里 著
杨小刚 译

---

出版发行：海峡出版发行集团
鹭 江 出 版 社
地 址：厦门市湖明路 22 号 邮政编码：361004
印 刷：山东临沂新华印刷物流集团
地 址：山东省临沂市高新技术产业开发区新华路 1 号 邮政编码：276000
开 本：787mm × 1092mm 1/32
插 页：4
印 张：6.75
字 数：100 千字
版 次：2018 年 4 月第 1 版 2018 年 6 月第 2 次印刷
书 号：ISBN 978-7-5459-1432-0
定 价：42.00 元

---

如发现印装质量问题，请寄承印厂调换。